［ポイエーシス叢書］46.

パッション

Jacques Derrida
Passions

ジャック・デリダ著

湯浅博雄訳

未來社

パッション　目次

■凡例

・原則として、原文における大文字は〈 〉、《 》は「 」で表示し、またイタリック体は傍点を付して示した。ただし、文章全体がイタリック体の場合、〈 〉で表示した箇所もある。
・註は後註とし、本文中に簡単な説明を挿入する場合は〔 〕を用いた。
・原則として、訳語のあとに原語を示す場合は［ ］を用いた。
・本書の冒頭の四ページ（Iの前の部分）は、原書にはなにも指示がないが、わかりやすさを考えて、〔はじめに〕とした。
・☆は原著者による註、★は訳者による註を表す。

パッション

装幀——戸田ツトム・岡孝治

パッション
「斜めからの捧げもの」

いまここにひとりの研究者がいるとしよう。儀式めいた習わし［rituels］を分析することが専門である彼は、さっそくこの著作に飛びつくだろう。もしだれかが、この書物を彼に捧げるということがなかった、としたらの話であるが（そんなことは、だれにもわからないことだ）。

〔「この著作」がどういう著作であるかについては、「註の前に」を参照されたい。〕

とにかく彼はこの著作を意のままに扱い、そのなかに、一つのセレモニーが習わしと化した展開が見られると、さらに言えば一種の宗教的典礼が認められると考える。そして彼にとってそういうことは、分析のテーマになり、また分析の対象になる。むろんのことだが、儀式＝習わし［rite］というのは、一つの分野を定義するのではない。至るところに儀式的なものはある。それがなければ、社会はないし、制度も、歴史もない。どんな者でも儀式的しきたり、習わしの分析の専門家になれるのであり、ということはつまりそれは専門分野ではないということである。だからその研究者とは、なんなら分析者ということにしてもよいのだが、その分析者は、たとえば同時に社会学者とか人類学者とか歴史家でありうるし、お望みとあらば美術批評家や文芸批評家であってもよい。おそらく哲学者ということもありえよう。あなたがたや、あるいは私のように。私たちのうちのめいめいが、経験によってもそうだし、また多かれ少なかれ自然発生的にもそうなのだが、この儀式＝習わしの分析者か、あるいは批評家の役割を、なんらかの程度において演じることができるのであって、そんなふうに演じることを完全に自分に禁じてしまうような人はだれもいない。そもそもこの著作のなかで一つの役割を演じるためには、というかどこかにおいてであろうとある役割を演じるためには、まず一方では儀式の論理のうちに登録されていなければならないし、また同時に他方では、そこで品行良くふるまい、過失を犯すことやルール違反をすることを避けるために、そうした儀式の論理を分析することが、ある程度までは、できなければならない。儀式の論理の規範を了解しなければならないし、その作動規則を解釈しなければならない。

したがって、〔一つの役割を演じる〕俳優とその分析者とを分かつ境界線は、たとえ両者のあいだの距離がどれほどであり、両者の差異がどれだけのものであろうと、確定的ではない。つねに浸透し合うものだ。その境界線は、ある点において、越境されねばならないとさえ言える。〔儀式の論理の〕分析が存在するためにはそうであるし、またそんな論理に適合したふるまい、規定どおりに儀式化した行動が存在するためにもそうである。

だがしかし、「批判的な読者」［*critical reader*］★1ならば、まったく正当なことであるが、次のように反駁するだろう。すべての分析が等価であるわけではない。たとえば一方で、ある一つの儀式に作法どおりのやり方で参加するために、その儀式の規範を了解しなければならない者が行なう分析と、他方で、そんな儀式にうまく自分を合わせようとはしていない分析、その儀式を説明し、「客観的に見つめ」ようとし、その原理やその目的を解説しようとしている分析とがあるが、それら両者のあいだには本質的な相違があるのではないか。まさしく批判的か否かという差異があるのではないか。そうかもしれない。しかし批判に関わる差異とは、いったいなんだろうか。というのも儀式に参加する者がとにもかくにも分析し、読み、解釈しなければならないのだとしたら、そういう参加者は彼自身もまた、ある一定の批判的な立場を保たねばならないのだから。さらには、ある一定の「客観的に見つめる」やり方で、そうしなければならないのだから。なるほど参加者の活動＝能動性は、しばしば受動性に近いとしても――受難《パッション》＝受苦に近いとは言わないまでも――、彼はさまざまな批判的行為を、また規準を問う行為を執り行なう。つまり、その儀式のプロセスのなかでなんらかの資格において利害関係者［partie prenante］となる者を、細心の注意を込めて識別するということが、どうしても必要なものとして求められているのである（動作主＝能動者なのか、受益者＝受取人なのか、祭司か、供犠執行者か、小道具係か、またさらには排除された者なのか、犠牲者なのか、卑しい者あるいはパルマコスなのか。そういうパルマコスは捧げものそのものでありうる。なぜなら捧げものというのはけっして単にある一つの物ではなく、既に一つの言述《ディスクール》であるから。少なくとも一つの言述の可能性であり、あるシンボル性に活力を付与することなのだから）。参加者はいろいろ選択しなければならないし、区別し、差異を認め、価値を評価しなければならない。彼はなんらかのクリネイン［krinein〔見分けること〕］★2に取り掛からねばならない。儀式の「観客」も——この場合は読者であって、著作のなかにもおり、著作の外にもいる読者ということになるが——、いま述べた点に関しては参加者と同じような状況に位置している。それゆえなさねばならぬことは、批判者＝批評家と非‐批判者とを対立させることではなく、批判と非‐批判とのあいだで、また客観性とその反対とのあいだで選択したり、決定を下したりすることでもない。そんなことをする代わりに、むしろ一方では、さまざまな批判者たちのあいだで差異をはっきりとマークしなければならないし、そして他方では非‐批判者をある場所に、つまりもう批判者に対立させられることのない場所、おそらくは批判者にとって外部的ではないとさえ言えるような場所に位置づけねばならないだろう。たしかに批判者と非‐批判者は同一的ではないが、しかしおそらく彼らは結局のところ、同じものなのである。いずれにせよ彼らは、そこに参加しているのだ。

I

さて、この著作があるひとりの読者、客観性ということを気づかっている分析者としての読者に提示された（委ねられ、捧げられ、贈与された）と想像してみよう。そんな分析者は、私たちのあいだにも存在しうる。すなわちだれであれ、この書物のどんな受取り人でもよいし、あるいはこの本の発送人でもよい。私たちは、あるひとりのこれこれという読者に対して限度のないほどの信用を供与するなどということをしなくても、以上のようなことを想像できるのだ。とにかく分析者は、おそらく慎重さを欠くためなのだが、この著作を読んで、次のような事態に立ち合っている、と確信するだろう。つまり一つのセレモニーが繰り拡げられる様子、もうコード化され、予見することのできる、規定どおりの展開に立ち合っている、と。（なお私がこの「分析者」という語を選ぶのは、むろんのことながら、エドガー・ポーがその語を用いるやり方を考えてのことである）[☆1]。セレモニーという語はおそらく、こうした出来事の特徴すべてを集約するうえで、最も的確で、最も豊かな語であろう。いったいどうすれば、私は、儀式ばってはいないことになりうるだろうか。私は、あなたがたは、私たちは、つまり読者の眼から見れば彼らは、儀式めいたところがない、ということになりうるのだろう。一つのセレモニーの主題とは、精確には、どんなものだろうか。

　ところで、いまここで、儀式的習わしの記述と分析のなかに、その解読のなかに、あるいはこう言ったほうがよければその読みのなかに、突如として一つの困難が出現することになろう。一種の機能不全の状態が現れることになろう。ひとによっては、それを危機と呼ぶだろう。ある危機的《クリティック》な瞬間と言ってもよい。おそらくそんな危機的瞬間はもう既に、〔儀式の〕象徴的なプロセスの展開そのものに作用を及ぼしていたのであるが。

　どういう危機なのか。その危機は予見することができたのか、それとも予見しえないものだったのか。そして、もしいま述べた危機がなおさらに、危機の概念そのものに、あるいは危機的＝批判的《クリティック》という概念そのものに関わっていたとしたら、どうか。

　この著作においては、十数名の哲学者たちが一堂に会しているが、それはアカデミックな手順および編集・出版上の所定の手続きを踏んでのことであり、そうした手順は私たちにとっては慣れ親しんだものである。この人称代名詞〔「私たち」〕の規定が危機的《クリティック》であり、不可能であること——なぜなら開いているから、まさしくあなたがたへと開いているから——を、強調しておこう。「私たち」とはだれなのか、私たちというのは、正確には、だれであろうか。これらの哲学者たちはいろいろな国の大学人であるが、その名が知られており、そしてほとんど全員がお互いに面識がある。（ここで後に続くべきであるのは、この人たちめいめいに関する詳細な記述だろう。彼らがどんなタイプに属し、かつどんな独特さを持つのか、どの性に属し——

女性はひとりだけだが——、どんな国民に属するのか、社会的な、また学術的なステータスはどうか、どんな過去を経験し、どのような著述を公表し、いかなる興味・関心を抱いているのか、等々の記述であろう。）彼らのうちのひとりのイニシアティブに基づいて——その人はむろんだれでもよい、あるひとりではなく、しかるべき人物であり、彼の興味はたしかに面白いものなのだが——、これらの哲学者たちは一冊の書物のために集まり、それに参加するという点で考えが一致したのだ。この書物の源となっているのは（そういう源は相対的に規定されているが、それゆえ不確定であり、ある程度までは秘密なものだと言えるだろう——そして危機は、そんな危機という名称に値するにはあまりに開いたままとどまっている）、あるひとりのこれこれという人であろう（その人は相対的に規定されており、彼の仕事とか、公表された著述とか、彼の固有名、そのいろいろな署名によって、原則的には同一性《アイデンティティー》を定めることができる。「いろいろな署名」と言ったが、この複数形を残しておこう。なぜなら、もう出発点からその多数多様性を排除することは不可能であり、かつ不当である——合法的ではあるにせよ——と思えるから）。

ところでもしこの場合にある危機的な困難が生じるとしても、そして儀式の進行計画を、あるいはその分析の手順を困難に陥れる危険がある——もっともその危険は、まだ確実だというわけではない——としても、そういう困難は必ずしも内容に、いろいろな主義主張に、つまり肯定的な、もしくは否定的な評価、ほとんどの場合無限に重層的に決定されている評価に起因しているのではない。要するに参加者たちが行なう言述の質に、それらの言述がこの書物の表題との関係、きっかけとの関係、あるいは対象との関係から表しているものや作り出しているものに起因してはいない。そうではなく、そんな困難は次のような事実から生じているのだ。すなわちこの書物の源にある諸テクストの署名者（と思われている者）――つまり「私」ということになるわけだが――に向かって、いわばそこに参加して「発言する」よう――「貢献する」よう、ということはつまり自分の貢物を献呈するよう、ただし書物のなかで、自由にそうするよう――求め、提案し、申し出なければならないとひとが信じた、という事実から生じている。この自由ということの度合いに関しては、私たちはあとでひとこと語らねばならないだろう。それはほとんど問題のすべてと言えるほどだ。この著作の編者であり、儀典長もしくは式部官であるデーヴィド・ウッドは、この本がまさにこの箇所において、ある一つのテクスト（数ページにわたる）によって開始されるはずであると、前もって示唆していた。またそのテクストは、この本の他のすべてのテクストに必ずしも真に応答しているわけではないが、「斜めからの、遠回しの捧げもの」[An oblique offering] という意味深長なタイトルの下に姿を現すかもしれないとも、示唆していたのである。いったいなになのか。だれの「斜めからの捧げもの」なのか。だれに対するものなのか。（まだ続きがあるが、後で考えよう。）

さて、さきほど述べたように、こういう儀式の展開が突然、もういつもの自動性に則って行なわれるのではなくなる危険が生じる。つまりあの分析者の最初の仮説通りには、進まなくなるおそれが生まれるのである。第二の仮説がある。それは、どういうものだろうか。それは、総体システムのある一定の箇所で、このシステムの諸要素のうちの一つが、自分はなにをなすべきなのか、もうわからなくなるということである。（この場合、いま述べた一つの要素とは、「私」であるということになろう。もっとも、いつもそうであるとは、そして少しも「儀式ばらずに」[☆2]そうであるとは限らないけれども。）もう少し精確に言ってみよう。システムのうちの一つの要素が、なにをすべきかわからなくなるというのは、すなわち、自分がいくつかのこと、矛盾し、両立しがたいことをすべきであると知ることである。こんな二重化した義務は、互いに矛盾し、妨げ合うので、セレモニーの遂行を難しくし、ついにはこのセレモニーがうまく成就することを麻痺させ、回り道にそらせ、危険に陥れる。だがしかし、こういう危険があると指摘する仮説は、セレモニーに参加する人たちの願望に逆らっているのだろうか。それともむしろ、その願望を迎えに行くのだろうか。ただし、こう言うときには、次のことを仮定しているのだが。つまりただ一つの願望しかない、全員に共通の唯一の願望がある、という仮定。もしくは各人がそのうちに、ただ一つの、矛盾しない願望のみを抱いている、という仮定である。なぜ参加者たちの願望を出迎えにいくと言うのかといえば、それは、次のように想像することができるからだ。ひとりの、いやひとりならずの参加者が、さらにはこのセレモニーの儀典長自身が、なんらかのやり方でそうしたセレモニーの挫折を願っている、と。願っている、と言っても、多かれ少なかれ密かに願っているのは、言うまでもない。だからこそ私たちは秘密を言わねばならないだろう。それを明かすというのではない。そうではなく、まさにこうした秘密という範例にならって、秘密一般というものについて見解を述べねばならないだろう。

一つの秘密［secret］とは、なにだろうか。

この著作はいかなる点においてもなにか密かなセレモニーなどに呼応してはいないとしても、むろんのことひとはこう想像することができる。セレモニーがどれほど公的なもので、公開されていたとしても、ある秘密のまわりをめぐることのないセレモニーなどはない、と。たとえその秘密が、いわゆる「ポリシネルの秘密」、だれにとっても秘密ではない秘密とまでは言わないにせよ、ある秘密ではないものの秘密ということはあるにしても、である、と。先にあげた分析者の最初の仮説によれば、セレモニーは習わし＝作法に応じて通常どおり展開されるだろう。なにか回り道や宙吊り状態があっても、それはセレモニーを少しも脅かしはしないのであり、むしろある種の期待によってセレモニーを確証し、堅固にし、大きくし、味付けし、強化するだろう。（ある期待とは、欲望、おまけの誘惑、遊戯に先立つ快楽、プレリュード、フロイトなら*Vorlust*〔前触れの快楽〕と呼ぶもの、などである。）★3 しかし、第二の仮説においては、なにが起こるだろうか。おそらくその問いこそ、私が〔デーヴィド・ウッドの慫慂への〕応答に代えて、かつ限りない感謝のしるしとして、提起したい問いである。今度は私のほうから、まずなによりもこの著作の参加者、雅量溢れる態度でこの共著に各々の貢献を寄せてくれたすべての者に提起したい問いなのである。

友愛にとっても礼儀正しさ＝礼儀作法にとっても、ある二重となった義務があるだろう。まさしく、儀式的習わしのランガージュ（言葉づかい、語法）を、かつまた義務のランガージュを、なんとしてもともに避けるべきなのではないか。こういう義務の二重性、二重となっている性格は、1＋1＝2というかたち、あるいは1＋2というかたちにおいては、数えられない。そうではなく、無限の深みのうちへとくぼんでいく。ある一つの「友愛の」動作、また「礼儀正しさの」動作は、もしそれが単純明快になにかの儀式＝習わしの規則に従っているとすれば、友情あるものでもないし、礼儀正しくもないだろう。こういう義務、すなわち習わしと化した礼儀正しさの規則を免れるべきであるという義務は、義務のランガージュ（言葉づかい、語法）そのものを超えて、その彼方まで行くように、と命じている。ひとは義務によって友好的であってはならない。義務によって礼儀正しいのでもいけない。あえてこういう命題を、その危うさを知りつつ語るとき、おそらく私たちはカントに抗してそうしている。この命題の帰結として、義務に応じてふるまってはならない、という義務があるのだろうか。カントの言い方を踏まえれば、義務に従って〔pflichtmässig〕行為してはならない、さらには義務から発して〔aus Pflicht〕であっても行為してはならない、という義務があるのだろうか[★4]。こんな義務、こんな反－義務があるとすれば、それはいったいどういう点において、私たちに負債をおわせるのだろうか。なにに対してか。だれに対してなのか。

問いかけの形をとったこの仮説は、もしひとがそれをまともに受け止めるならば、それだけでもひとに眩暈を起こさせるに充分なほどである。こういう仮説は、深淵の縁で戦かせるだろう、またさらに麻痺させ、動けなくさせることもありえよう。あなたがひとりで、ただひとりでいるような縁で。あるいは他者とのある種の格闘によって既に、なんとしても呼び求められているような縁で。そういうひとりの他者は、あなたを引き止めようと、または空虚のうちへ突き落とそうと、あなたを救おうと、また破滅させようと空しく努めているような他者である。いま「ただひとりでいる、あるいは他者との格闘によって切に求められている」と言ったが、それは、あたかもひとが、こういうことに関して自由に選べるかのような仮定に立っている。後で、この点には触れる。

なぜそう言うのかといえば、それは、私たちがもう既に次のような危険を侵しているからである。つまり自分がどこへ連れ去られるのかもうわからなくなる危険。さきほどの仮説のうちに、というかまず初めに提起した問いのうちに浮きだした、あの二重になった公理（あえてそう呼ぼう）、そんな明白さがいったいどこへ私たちを引きずっていくのか、もはやわからない危険である。たとえば招待に応えるというような動作を、単に義務によって行なうかに見えるとすれば、それは非礼であろう。友人に応える場合、義務によってそうするとすれば、友情にもとるだろう。義務に順応して［pflichtmässig］（「義務から発して」［aus Pflicht］というよりも）招待や友人に応えるくらいなら、むしろ応えないほうがましであろう。（こう言うとき、私たちは再びカントの『人倫の形而上学の基礎づけ』に言及している。この書はまさに私たちの模範的な『クリティカル・リーダー［critical reader］』であり、遺産相続人としての私たちが、あの偉大な批判哲学者に対して、負債をおっているのはまちがいない。）実際、もし義務に従って応えるとしたら、それは、〔友愛にもとるという〕基本的な背信に、さらにもう一つの過ちを付け加えることになってしまうだろう。すなわち、そうしようという意図、志向が欠けているのに、外見を取り繕うことによって、自分を非のうちどころのない者とする、と信じる過ちである。それゆえ友愛における「ねばならない［il faut］」、礼儀正しさにおける「ねばならない」については、それが〈義務の次元に由来するのではない〉と言うだけでは不充分である。それは規則の形態を取ってはならない、とりわけ習わし化した規則の形態を取ってはならない。友愛の動作、礼儀正しさの動作は、もしそれが、こうせよと命じる規定の一般性を、ある一つのケースへと適用する必要性に屈服するやいなや、自分自身を壊してしまう。友愛の、礼儀正しさの動作は、規則の、また規範の規律通りの堅固さによって圧倒され、打ち負かされ、破られてしまうのである。しかしこの公理から、さらに次のような結論を導いてはならない。ひとが友愛に、あるいは礼儀正しさに近づくのは、たとえば招待に応えたり、友人の求めや問いに応えたりすることでそうするのは、ただ規則を侵すことによってのみ、義務に逆らって進むことによってのみである、と。義務に反すること、というのは、それもまた一つの規則なのである。

批判的な読者は、ここで友愛と礼儀正しさがいつも結び合わされていること、どちらもともに、ある一つの特徴によって、習わしと化した行為＝ふるまい方から区別されていることを見て、きっと驚くかもしれない。そのわけはなぜかと言えば、ここで考えられている仮説は、礼儀正しさ＝礼儀作法のうちで、なにかしら命じるものに関わるからだ。礼儀正しさのうちにあるなにか、それがこれこれという文化的伝統（西欧の、あるいはそうではない文化的伝統）に結ばれていようと、結ばれていまいと、こうした価値の鋭い決定のうちにあるなにかであり、規則を、規範を、またそれゆえ儀礼的習わしを超えて、その彼方へと行くよう命じるものである。礼儀正しさという概念の内的な矛盾、また礼儀正しさがその範例［exemple］となるような、規範を立てる概念の内的矛盾は、どういうものか。それは、こういう概念が規則を当然のこととして含み、かつまた規則のない創出を当然として含んでいる、ということである。その規則はどんなものか。ひとが規則を知っており、しかしけっしてその規則に固執することはしない、という規則である。ただ単に礼儀正しいのは、礼儀作法によって礼儀正しいのは、非礼なのだ。だから私たちがここで問題にしている規則とは、ひとが行為するとき、単に規範を告げる規則に従ってふるまうことのないような仕方で、さらにはそんな規則の名においても、それへの尊敬によってもふるまうことのないような仕方で行為せよと命じる規則である。そしてこの規則は、回帰的＝反復的であり、構造自体によるもので、一般的である。すなわちそのたびごとに独特な、特異なものであり、かつ範例的なのである。

回り道をしないようにしよう。問題となっているのは、義務の概念であり、そして、ひとはその概念を信頼することができるかどうか、もしくはどの地点まで信頼できるか、を知ることである。こうした義務の概念が、文化の次元で、モラルの、政治の、法［le droit］の次元で、さらにはまたエコノミーの次元で構造化しているものを信頼できるかどうか、どこまでそうなのかを知ることだ（とりわけ、負債＝恩と義務とのあいだの関係について、そうである。[☆3]）つまり問題なのは、義務の概念が、責任ある決定に関する責任ある言述《ディスクール》のうちで命じているもの、責任［responsabilité］の言述、論理、修辞のうちで命じているものを信頼できるかどうか、どこまで信頼できるのかを、知ることである。責任に関する責任ある言述という言い方をするとき、もう既に私たちは次のことを当然のものと含意している。つまりそういう言述は、それ自身、自分がそれについて語っている規範に、あるいは法に服さねばならない、ということである。こういう当然の含意は避けようのないものと思える。それでもやはり、ひとを当惑させずにはおかない。ここで語られようとしている言述は、なにを証明しようと自負するのだろうか。それはつまり、一つの責任はけっして曖昧さなしには、矛盾なしには取りようがないだろうということ、ある決定＝決心の自己正当化は不可能であり、絶対的に自分を受け合うのは、ア・プリオリに、かつ構造上の理由によって、できないだろうということである。そういうことを一貫して証明しようと自負する言述の責任とは、責任の質や徳性＝効力とは、いったいどんなものでありうるのか。

さきほど「回り道をしないようにしよう。問題なのは、義務の概念であり、……どの地点まで信頼できるか、を知ることである」と述べた。（「回り道をしないようにしよう」［N'y allons pas par quatre chemins］という言い回しは、ほとんど翻訳しえないフランス語独特の慣用句であって、[★5]十字架、十字形のもの、いくつもの道の交差、四つ辻［quadrifurcum］の四、四つの分岐などを喚起する。その意味は、遠回しの迂回や、策略、計算などなしに、ダイレクトに取りかかろう、ということである。）これほど命令的な合言葉は、なにを想定しているのだろうか。それは、一つの概念、もしくは一つの問題［problème］に、斜めからの、遠回しのやり方ではなく、真正面から近づくことができるし、またそうすべきである、という前提だ。その考えによれば、一つの概念、一つの問題（これとかあれとかの問題、たとえば義務の問題、いまのところどれでもよい）がある、すなわち知によって決定可能ななにかがあるのであり――「かどうか知ることが問題だ」と言われていたとおり――、それはあなたの前にあるのである。前のそこに（*problema*）、あなたの面前に［in front of you］あるのだ★6。したがって、正面から近づく必然性が生まれる。あなたの眼前に見出されるもの、口の、手の前に（そして、あなたの背中に、ではなく）あるもの、提起された〔前に－置かれた〕［pro-posé, pré-posé］一つの対象のようにすぐ前のそこにあるものに、ダイレクトに、真正面から、重々しい［capital］仕方で近づく必然性である。すぐ前のそこにあるものはまた、一つの処理すべき問いであり、それゆえ提起された一つの主題［sujet］でもある（提起された、前に－置かれた主題とは、すなわち配られた、贈られた主題とも言える。というのも、ひとは原則として、つねに前から贈り物をするのだから。原則として、の話だが）。《problema》という語の意味論をたどってみると、この語の意味は、ちょうど突堤［jetée］とか岬の先端☆4、甲冑または防具のように、ある突き出した、向かい合った－主題［un ob-sujet avancé］に関わっているのがわかる。*Problema*はまた、あるコンテクストでは、逃れるために、あるいは自分の無実を証明するために、前面に持ち出された口実、言い訳を意味する。さらには、ここで私たちの関心をもっと惹くような別の意味合いもある。いわばメトニミーによって、*Problema* は次のものを指し示すようになる。つまり他者の責任を肩代わりして負う者、他者に代わって、その人であるかのようにふるまう者、他者の名において語る者であり、フランス語でよく言う表現によれば、「うわべを覆う役をつとめる」者である。すなわち、ひとが自分の前に押し出す者、その者の背後に隠れる者である。ここで、ピロクテテスの受難《パッション》のこと、いつも斜めから進む者たるオデュッセウスのことを、考えてみよう。そしてまた、第三者（*terstis*）のこと、すなわち無垢の証人（*testis*）であり、かつまた同時に役を演じる者でもある第三者のことを、考えてみよう[★7]。この第三者は参加者であるが、しかし役者でもあり、ひとは彼に一つの役を、つまり代表性によってふるまう代理人、手先という役を演じさせる。すなわちこの第三者とは、*problématique* な子供〔プロブレマとしての子供〕であるネオプトレモスである[☆5]。こうした観点からすれば、責任とは *problématique*〔プロブレマ的〕であろう。責任はときとして、ひとが自分に対して、ではない仕方で取る責任、自分自身の名において、かつ他者の前で、というのではない仕方で取る責任でありうる。（「自分自身の名において、かつ他者の前で」というのが、これまで形而上学が行なってきた、最も古典的な責任の定義である。）「ときとして」というよりも、おそらくはつねに、そうでありうる。責任はあるひとりの他者に対して取るべき責任、他者に代わって、他者の名において、あるいは他としての自己の名において、ある別の他者の前で、そして他者の他者の前で、すなわち、倫理の否定しがたさそのものの前で、取らねばならぬ責任でありうる。こういう代理的＝補足的な程度に応じて、責任はプロブレマ的であるだろう。いま「こういう代理的＝補足的な程度に応じて」と言ったけれども、私たちはもっと遠くへと進まねばならない。責任は、ある一つの構造、それ自身代補的な構造のうちで、ただ単になんら下落しないというだけではなく、むしろそこにおいてこそ出現するという程度に応じて、プロブレマ的なのである。責任はつねに、他者の名において「のように」私の名において挙行される。そしてそのことは、責任の単独性＝特異性を、いかなる点においても損ないはしない。そういう特異性は、この「のように」の孕む両義的な曖昧さ、範例的なまでの保証欠如のうちで提起され、そして震動しているはずである。

このように、責任という経験は、いわゆる義務の経験、あるいは負債の経験へと還元されることはないのではないか。責任［responsabilité］ということにおける〈応えること、受け合うこと［répondre］〉は、知［savoir］によって規定されうるような概念、それについて「かどうか知ること」が必要であるような概念においては、もう告げられることはないのではないか。こうしたこと一切は、問題［problème］の空間に向かって、それでよいのかと挑戦状を突きつけているのではないか。また、こういうことすべては、応え［réponse］というものの命題的な形態〔面前に－措定された〔pro-positionnelle〕形態〕の手前側に戻るのであり、それどころか思考や言葉《ランガージュ》の活動における〈問い〔question〕〉という形態の手前側へも戻るのではないか。もしそうであるのなら、そういうものにダイレクトに、正面から近づくことはできないだろう。そんなふうにもう問題設定〔problématique〕されず、問われないもの、あるいはまだ問題設定になじまず、問いえないものに、それゆえ危機的＝批判的〔critique〕なもの、すなわち判断を含む決定の次元によるものに、私たちはもうダイレクトに、正面から、投企的なやり方で、ひいては措定する仕方、あるいはテーマ設定的な仕方で近づくことはできないだろう。またとりわけ、そうすべきではないだろう。こういう「それをしない」こと、「とりわけすべきではない」ことは、一見すると、問題を回避するように思える。〔こういう共著の〕問題、プロジェクト、問い、テーマ、テーゼ、批判にきちんとつきあわないで、急に立ち去るように見える。しかしそうではない。それは、いかなる点においても、誤った背信ではないし、論理的な厳密さや証明上の厳密さを欠くことでもない。むしろ、その逆である。（そもそも「厳密さを求める」と言う場合には、仮定がある。つまり、厳密でなければならないという命令、厳密な意味合いで、最も厳密でなければならないという命令が、どんな問いも免れていると信じる仮定である。[☆6]）もしも背信ということ、正義〔justice〕に背き、また読むこと〔lecture〕にも背くということがあるとすれば、それはむしろ次の方向から生じるだろう。つまりひとがこんな「それをしない」こと、「とりわけそうすべきではない」ことを、なにやら哲学の法廷の前に、あるいはモラルの法廷の前に出頭させたい、言い換えれば、ある審級、クリティカル〔critique〕でもあり、法律的＝司法的でもある審級の前に出頭させたいと望むような方向からこそ、生じるだろう。もっと真正面から近づくように、もっとテーゼを示すように、もっとテーマ化するように、と要求すること。こうした点に関して、その度合いを測る尺度がある、と前提にすること。このことほど無邪気で、かつ暴力的なことはなにもないと思える。次の両者のうちで、いったいどう選べばよいのか。つまりある書き方＝書き物の利点として認められる〈省略法〉のエコノミー、控えめな慎みと、ある種の非テーマ性、人々がひとりの哲学者について、その点を非難できると信じる、充分にはテーマ化されていない説明とのうちで、どうやって選択することができようか。

Ⅱ

問いに、プロブレムに、正面から、ダイレクトに、まっすぐ近づくのは、おそらく不可能であり、適切ではなく、正当でもないので、その代わりに、私たちは斜行的に〔遠回しに［obliquement］〕取りかかるべきなのだろうか。私はしばしばそうしたし、斜行性＝遠回しを、この名にもとに、復権させようとまでしたこともある。[☆7] ある人々はそれを見て、私が義務にもとることを、自分で白状しているのだと考えるだろう。というのもひとはよく遠回しのもの＝斜線の形象を、率直さの、もしくは廉直さの欠如に結びつけるからである。デーヴィッド・ウッドはおそらく、私がいわばそこに書き込まれているような一つの伝統、斜行性の伝統という宿命のことを考えて、私がこの共著に参加するよう招待するために、というよりも私を勇気づけ、そうせざるをえないよう義務づけるために、私が貢献することになるこれらのページに、「斜めからの捧げもの［An oblique offering］」という表題をつけることを提案したのだ。彼は、まだ私がこのテクストを一行も書かないうちに、草稿総体の「目次」の企画のところに、この題名をあらかじめ印刷することとさえ、したのである。[☆8]

この「捧げもの」が私のものなのか、それとも彼のものなのかを、いつかひとはわかるだろうか。

だれがその責任を持つのか。

この問いは、与えられた名の、あるいは〔なにかあるもの、ある人に〕冠された名の責任、ひとが受け取る名の、あるいはひとが自らに与える名の責任と同じくらい重大であり、かつ手に負えない。[☆9] ここには、人々がふつう落ち着きはらって自己愛《ナルシシズム》と呼んでいるものの無限のパラドックスが、輪郭づけられる。いまXが、つまりなにかあるもの、またはだれかある人（一つの痕跡、一つの作品、一制度、ひとりの子供）が、あなたの名を、すなわちあなたの称号［titre］を冠されているとしよう。このことを、単純に翻訳したり、あるいはごく一般的な幻想《ファンタスム》に従ったりすると、こう思われる。あなたはXに、あなたの名を与えた〔贈った〕、それゆえXに帰属するものすべては、ダイレクトにせよ迂回してにせよ、直線的にせよ斜線的にせよ、あなたに帰する。あなたのナルシシズムにとって、ある利益＝恩恵のように、あなたに回帰する、と。しかしあなたはあなたの名ではなく、あなたの称号でもないので、また名あるいは称号がそうであるように、Xはまさにあなたなしで、あなたの生なしで立派にすますので、あなたのナルシシズムはア・プリオリに、自分が恩恵を受けるもの、受けようと期待するものを剥奪されている。言い換えれば、すべて痕跡というもの、名、称号というものの定義、かつその可能性そのものがそうであるように、Xはあなたを、あなたの生を、つまりそこへと向かってなにかが回帰することができる場所を必要としないので、あなたの自己愛《ナルシシズム》はア・プリオリに、自分が受益者となるもの、そう期待するものに与れず、フラストレーションを抱くのである。逆に、Xがあなたの名を、あるいはあなたの称号を受けいれない、と仮定してみよう。なんらかの理由で、Xはあなたの名から解放され、ある別の名を選ぶ、いわば原初の離乳をなんども繰り返すような、ある種の離乳を行なう、と仮定してみよう。そのとき、あなたのナルシシズムは、二重に傷つけられるが、しかしまさにそのことによっていっそう豊かになるだろう。というのもあなたの名を持つもの、あなたの名を持ったもの、持つであろうものが、充分に自由で、力強く、創造的、自律的であって、ひとりで生き、根本的にあなたも、あなたの名もなしですますからである。あなたの名に、あなたの名の秘密に、次のことが帰する。つまりあなたの名が〈あなたの名のうちに〉消えることができる、ということである。それゆえ、自己へと回帰しない、ということである。それはすなわち贈与の条件なのだ（たとえば、名を贈与するということの条件である）。だがまた同時に、自己の拡張ということ、自己の増加ということ、アウクトリタス *auctoritas*（所有権、保証、権威）ということの条件でもある。いま見た二つのケース、この同じく引き裂かれた受難《パッション》＝受苦の場合において、最も大きな利益＝恩恵とこの上ない剥奪とを分離することは、不可能である。それゆえナルシシズムの概念を、なにも矛盾しない、整合的で一貫した概念のように打ち立てることは不可能なのであり、したがってまた自己＝私というものにある一義的な意味を与えることもありえない。「自己」として自己を語ること、自己を動かすことは、不可能なのだ。前に引いたボードレールの言葉を用いれば、「少しも儀式ばらずに」そうするということは、不可能なのである。それが、ピロクテスにとって、というかピロクテスによれば、受難《パッション》にとって、弓の秘密である。あるいは〔孤島におき去りにされたピロクテスが、自分の生活の糧を得る道具としての弓、そして自分の生命《いのち》とも呼んでいる弓の〕弦［neura］の秘密である。子供は問題《プロブレム》である、つねにそうである。そこにこそ真実がある。

よく考えてみると、斜めからの＝遠回しのというのは、私がそうやって形容しようと試みた歩み方のすべてを指すためには、最良の比喩形象をなすとは思われない。私はいつもこの語に窮屈な感じを抱いてきた。とはいえ私がこの語をよく用いたのも、たしかである。ただし私は主にネガティブなやり方で、そうしたのである。〈斜めから〉を勧めるというよりはむしろ、あることを断ち切るために。つまり直面すること、ダイレクトな対決、直接的な接近を避けるために。もしくは、ひとはそんな直面をさけるべきだった、そもそも直面を避けないわけにはいかなかった、と言うために。こう語るのは、だから告白である。あるいは自己批判である。だが人々は、次のような最も誇張法的なヒュブリス〔行き過ぎ、増長〕の仮説を聞いて、微笑するにちがいない。すなわちこの「批判的な読者［Critical Reader］」がみな、結局のところ「自己批判的な読者［autocritical reader］」である、という仮説である。〔自己の批判、ということであるが、しかし精確なところいったいだれの批判なのか。ここで、この再帰する部分、

「自己の」とは、だれに参照するのか。）いまの仮説を続ければ、「自己批判的な読者」というのは、自分自身で進み、自分を運び去る読者なのだが、そうするために、とりわけ「自己」を必要としない読者である。一つの「自己」なるもの、それはすなわち、それ自身、自分に問いを提起するために、あるいは自分に向かってどんな批判的な反対であれ、望むままの反対をするために、だれも必要としないような「自己」であるけれども、そういう一つの「自己」を必要としない読者である。（そもそも「X：ひとりの批判的な読者」というシンタックスのなかでは、だれがだれの読者なのかを知ることは、つねに難しいだろう。主体＝主語は、だれなのか。テクストはだれか。対象＝目的語はだれか。そしてだれが、なにを——あるいはだれを——、だれに捧げるのか。）斜行的ということのなかで、今日、批判すべきなのは、なにだろうか。それはおそらく幾何学的な形象［figure］だろう。つまり面、線、角、対角線の素朴さ、そしてそれゆえ垂直線と水平線とのあいだの直角の素朴さに対して妥協したところである。斜行は、まだなお粗削りな戦略、最も緊急なことに対処するためにやむをえなかった戦略による選択である。正面からの接近および直線性を、つまり一点から他の一点へと向かう最短行路と思われているものを、大急ぎで迂回させるために行なわれた幾何学的計算である。こんな斜行的というずらせ方は、たとえその修辞学的なフォルムの下においても、そしてオラティオ・オブリカ［oratio obliqua］〔婉曲な語り方〕と呼ばれる、あの形象に基づく文彩［figure］のなかでも、やはりあまりにもダイレクトで、直線的と思える。円弧というものとなれ合っており、結局のところエコノミー的〔経済的、節約的〕であると思える。（円弧を引いたのは、まず第一に円弧＝弓はときおり《tendu》である、という事実への側面的な言及である。さらには、ピロクテテスの受難への側面的言及でもある。弓について、それが《tendu》であると言うことは、文脈に応じて、一方では、その弦が引き絞られ、武器を、つまり殺傷する矢を放たんとしている、という意味になる。他方では、弓が他者に差し出され、贈られ、手渡される、《handed on, over to》という意味にもなりうる。）こういう次第だから、斜行のことは、忘れるようにしよう。

それは、ある一つのやり方、デーヴィド・ウッドの招待、また彼がここで代表しているみんなの招待に応えないやり方の一つなのだろうか。私はそれに応えるべきだったのか。知りようがあるだろうか。一つの招待とはなにだろうか。招待に応えるとはなにだろうか。応えるということは、いったいだれに帰すのか。なにに帰すのか。一つの招待はひとを自由にしておくものであって、もしそうでなければ招待は拘束になる。招待はけっして次のような意味合いを、言外に含むべきではないだろう。「きみは来なければならない、そうする義務がある、そうする必要がある。」しかし招待はぜひそうしてくれとせがむものでなければならない。熱意のない、どうでもよいものであってはならない。次の意味合いを、言外に含むべきではない。「きみは来なくても、自由だ。そしてもしきみが来ないならば、残念だが仕方がない。かまわないよ。」なんらかの願望に導かれたせき立てがなければ、つまり一方で、「おいで、来なさい［Viens］」と告げ、また同時に他方で、それにもかかわらず他者に絶対的な自由を残しておくようなせき立てがないとすれば、招待はただちに自分を取り消してしまい、他者を迎え入れようとするのではなくなる。それゆえ招待は二重化していなければならず、かつまた倍加しなければならない。ひとを自由のままにしておくと同時に人質［otage］に取るのでなければならない。つまり招待するという動作は二重になった動作であり、かつ倍加した、より強まった動作なのである。一つの招待とは、はたして可能なのだろうか。招待というものがありうるとして、どんな条件でそれはありうるのかを、いま私たちは瞥見したところである。だがしかし、それがありうるとしても、招待は実際、いつか一度なりとも、アクチュアルな仕方で、それとして提示されるだろうか〔そういうものとして現前化するだろうか〕。

招待について（またそれのみならず、呼びかけ一般について）いまかいま見たことは、それと同時に〔つまり同じ「動作［coup］」によって〕、応答の論理も指揮している。招待に応えることの論理、さらには端的に応えることの論理に指図を与えてもいる。だれであれ、責任［responsabilité］という概念の必然性、系譜、またそれゆえ限界について熟考する者は、あるときにはどうしても〈応える、受け合う［répondre］〉ということがなにを意味しているのかを、自問しないわけにはいかない。さらには〈敏感な反応、打てば響くような応え［responsiveness］〉という英語、残念ながらフランス語には厳密な意味での相当語が見つからない貴重な語がなにを意味しているのかを、問わずにはいられない。また、はたして〈応える、受け合う〉ことは、その反対として応えないこと、受け合わないことを持っているのか、なるほど常識を信じるならば、応えることの反対は応えないことに存するが、そうなのかどうかと問わないわけにはいかない。〈応える、受け合う〉ことに関して、また〈打てば響くような応え〉ということに関して、一つの決定というものは、はたして可能なのだろうか。

ひとは今日、多くの場所で、ある共感を呼ぶ、かつ心配を抱かせもする努力に立ち合っている。もしくは、参加している。それはつまり、モラルを再建するための努力、そして特にモラルに関して不安を抱く理由を充分に持っている人々を安心させる努力である。ある人たちは、脱構築［《La》Déconstruction］なるもののうちに――あたかもそんなものがあるかのように、一つのもの、唯一つしかないものとして存在するかのように信じて――、反道徳性の一形態が認められる、道徳性への無関心、あるいは無責任性の現代的な一形態を認めることができると考えた（この類の発言はよく知られた言述であり、使い古されているが、しかし擦り切れない言い方である。くどくは言うまい）。他方で、別の人たち、もっと真摯で、それほど性急ではなく、前述の脱構築にもう少し好意を抱いている人たちは、今日その逆のことを主張している。彼らが探知するのは、ある強い関心が存在するのを証言する徴し、勇気づける徴しがますます多く見られるようになっている（ときには、正直に言わねばならないが、私の著作のうちのいくつかのなかでそうである）ということだ。その関心とは、人々があの美しい名称、「倫理」、「モラル」、「責任」、「主体」、等々の名のもとに同定しうると信じている事象への、永続的な、極度の注意である。ダイレクトにせよ遠回しにせよ、とにかくますます強いものとなっている注意なのである。後で、非応答＝応えないということに戻って考えるが、その前に最もダイレクトなやり方で、こう宣言しなければならないだろう。もしひとが義務のセンス（感覚）を、そして責任のセンスを保持しているならば、このセンスはいま述べたような二つの道徳主義とは縁を切るよう命じているだろう、と。つまりこうした二種のモラルの再建とは、またそれゆえそこに含まれる傾向であるが、脱構築を再びモラル化することとは、決別するよう命じているだろう。脱構築を再モラル化するというのは、当然のことながらそれがまさに対立しているものよりもずっと人を惹きつけるように思える。しかしそれは、他人を安心させるために自分が安心する危険、そしてある新しい独断論的なまどろみによるコンセンサスを助長する危険を、瞬間ごとに冒すことになる。さらにひとはあわてて、次のように言ってもならない。これら二種の道徳主義に対して、むろん程度の差はあるにせよ、どちらにもほとんど好みを感じないと言明するのは、あるもっと高い責任の名において、そしてもっと厳として妥協のない道徳的要請の名においてなのである、と。おそらくつねにある種の過剰＝超出［excès］の肯定から発して、ひとは道徳主義の反道徳性（それは熟知のものだ）、また道徳主義的な否認［dénégation］による偽善を嗅ぎつけるのである。ただしこういう肯定にとっての最良の名が、あるいは最も正しい形象が、倫理、モラル、政治、責任、主体であると保証するようなものは、なにもない。そもそもひとがセンス（感覚）を、まさしく義務のセンス、責任のセンス（この語を、もう一度強調しておこう）を持っているから、道徳的に行為するというのは、道徳的であろうか。責任あることだろうか。明らかに否である。それはあまりに容易すぎるだろう。まさに当然なこと［naturel］であって、自然によってプログラム化されているだろう。ひとがモラルのセンスを持っているから、法則の高さの感覚を持っているから、道徳的である（責任あるふるまいをする）というのは、ほとんど道徳的ではない。（ここにあるのは、モラル法則への「尊敬の念」という問題である。つまりその法則自身が（カント的な意味での）尊敬の「原因」ともなっている、モラル法則への尊敬というよく知られた問題である。★8 この問題は次のようなパラドックスから、すなわちこの問題がモラルの核心に刻み込む、不安を抱かせるパラドックスから、そのすべての興味を引き出している。というのもモラルは、感情＝気持ち［Gefühl］のうちに、また感性［sensibilité］のうちに、そこに記載されているはずのないものが記載されていることを、もしくはこの感性的傾向にしか従わないものはすべて犠牲《サクリファイス》にせよとのみ命じるはずのものが、まさにそこに記載されているということを、説明できないからである。知られているとおり、犠牲および犠牲的捧げものは、カントの道徳論の核心にある。Opferung〔捧げものをすること、奉納〕、Aufopferung〔犠牲的行為、献身〕という名称のもとに、そうである。たとえば、『実践理性批判』第一部、第一篇、第三章を参照されたい。そこにおいて、犠牲にされうるもの［le sacrifiable］はなにか。それはつねに感性的動機の領界に属するもの、密かに「パトローギッシュな」利益＝関心の次元に属するものである。[★9] こういうパトローギッシュな利益＝関心は、カントの言うところでは、モラル法則の前で「へりくだらせる」必要がある。こんな犠牲的捧げものの概念、それゆえまた犠牲《サクリファイス》一般の概念には、前提がある。すなわちカント哲学の諸々の「批判的な」区別の装置全体が前提にされている。可感的／可知的、受動性／自発性[★10]、派生的な直観［intuitus derivativus］／根源的な直観［intuitus originarius］[★11]、等々の区別の装置全体である。こうした事情は、パッション（被《こうむ》ること、受難、受苦、情念、情熱）の概念についても、同様だと言える。それに対し、ここで探求されているもの、すなわち私の考えによるパッションは、カント的な意味での「パトローギッシュ」ではないような、パッションの概念であろう。）

　こうしたこと一切は、それゆえまだ開かれたままであり、宙吊りとなり、決定されておらず、問いを超えた彼方そのものへと向かって問われうるものである。さらに、もっと別の文彩を用いるとすれば、絶対的にアポリアのままとどまっている。倫理をそれたらしめている倫理性とはなにか。道徳をそれたらしめている道徳性とはなにか。責任とはなにか。この場合、「とはなにか」とはなにか。等々。これらの問いは、つねに緊急なものである。ある種の仕方で、これらの問いは緊急なまま、応えのないままにとどまるべきである。いずれにせよ、一般的な、規則化された応えはないままとなるべきだ。言い換えれば、そのたびごとに独特なやり方で、一つの決定という出来事に結ばれている応え、つまり決定不能性のある新しい試練の過程で、規則によらず、またそう意図してするのでもない決定という出来事に結ばれている応え以外の応えはないままにとどまるべきなのである。★12 それにしても、ひとは早急にこう言ってはならない。これらの問い、もしくはこのように提起された命題は、もう既にある気づかいによって深く影響されている、つまり私たちが当然のこととして倫理的、道徳的、責任ある、などと呼ぶことができる気づかいから発して、着想されたものである、と。こういうふうに言うと、すなわち「ひとは早急にこう言ってはならない……以下」のように語ると、たしかに脱構築反対派の官僚たちに絶好の標的を与えるかもしれない。だがしかし、すべてを考えあわせるならば、そのほうが、みながコンセンサスに至る幸福感を構成することなどよりも、望ましいのではないか。もっと悪くすると、次のような場合すらありうる。ひとを安心させ、自分も安心しているディコンストラクショニストたちの共同体をなすこと、つまり倫理的な確信、自分は非のうちどころのない良心であるという信念、務めをはたした満足、義務をなしとげた意識（あるいは、もっと英雄的に、なしとげるべき義務の意識）などのうちで、この世界と和解した脱構築主義者たちの共同体をなすこともありうるだろうが、それよりもずっと望ましいのではないか。

それゆえ、応えないこと、非応答がよいと思える。むろんのこと、非応答もまた一つの応えであるとつねに言うことができる。そして、それは正しい。ひとはつねに応えない権利を持つし、持つべきであろう。こういう自由は、責任［responsabilité］そのものの一部をなす。すなわち責任につねに結びつけられるべき自由の一部をなしている。ひとは一つの呼びかけに、あるいはある招きに応えない自由を持つべきである。そしてこのことをもう一度喚起しておくことは、またそういう自由の本質を思い出しておくことは、よいことである。多くの人々は、責任は、もしくは責任のセンスはよいものである、ある第一義的な徳である、〈善〉そのものであると考えているが、しかしその人たちはこう確信している。つねに応えなければならない（自分を受け合うべきである、他者に応えねばならない、他者の前で、あるいは法の前で応えなければならない）、と。また、こうも信じている。そもそも非応答はつねに、一つの様態であり、ある避けようのない責任によって開かれた空間のなかで決定されている一様態である、と。それでは、非応答について言うべきことは、他にはなにもないのだろうか。非応答にとって有利になるために、ではないにしても、非応答について、あるいはそれに関して、なにか他に言うべきことはないのだろうか。

歩みを速めよう。そして、もっと急いで説得しようと試みるために、一つの範例をあげてみよう。それが法則としての価値を持つかどうかは、別にしても。どんな範例なのか。このような範例である。ところで、私が「このような範例」と言うとき、むろんのことだが、私は既により以上を言っているし、また別のことを言っている。私は範例の〈まさにこのもの［*tode ti*］〉、〈これ［*ceci*］〉を溢れ出すなにものかを言っている。それとしての範例そのものは、自らの単独性＝特異性を溢れ出すし、自らの同一性も溢れ出す。だからこそ範例はないのである、まさにそれしかないときでも、そうなのだ。いろいろな範例に関して、私はしばしばそのことを強調した。おそらく、強調し過ぎたほどである。範例の範例性は明らかに、けっして範例の範例性ではない。このきわめて古い子供の戯れ、すなわちかつて脱構築の関心を引いたあらゆる言述、哲学的なものであろうとなかろうとそうした言述がすべてそのなかにはまり込んでいる戯れに、終止符を打つことができるだろうか。私たちは、そんな確信を持てないだろう。たとえパフォーマティヴな虚構によっても。つまり、「まさにこの範例をあげよう」と言うことからなる虚構、そうやってこの戯れを再開しつつそう言うことからなる、行為遂行的な虚構によってさえも、それに終止符を打つ確信は持てないであろう。

たとえば、もし私が招きに応えるならば、つまりこうして集められたテクスト、以前に私が書いた著作のいくつかになんらかの関心を示すというやり方で私に名誉を与え、あるいは友情を証してくれる諸テクストに応えるように、と呼びかけている招待に応じるとするならば、私はいくつかの過ちを積み重ねるのではないか。それゆえ擬い物の責任を取ることになり、無責任にふるまうことになるのではないか。それはどんな過ちだろうか。

1　まず第一に、一つの状況を追認し、それに賛同し、こんなにも奇妙な場所において、まるで自分が居心地がよいかのようなそぶりをしてしまう過ちである。ここで私が言葉を語るのが、とどのつまり当然なこと、もっともなことだとみなしているそぶり、あたかも私たちみながテーブルに着席しており、十二人の人たち、結局のところ「私」について語る、あるいは「私」に語りかける人々の真ん中に座って、自分が言葉を語るのが自然なことだと思っているかのようなそぶりをしてしまう過ちである。「私」は、自分がこの集団の一部をなしている限りにおいて、十二番目であり、他の人々のあいだのひとりである。しかしまた同時に、この一連の十二人のうちで、他の例たちのあいだの一例ではない限りにおいて、「私」はもう既に二重化し、倍化されて、十三番目でもある。もし私がこうした人たち（ひとりは女性）の全員に向かって、同時に応えるのだと自負したとしたら、私はいったいどんな様子をすることになるだろうか。これら十一の、もしくは十二のディスクールの各々は、それぞれに精緻で、独特な、高潔であって、かつ少しも甘くない戦略、重層的に決まった戦略を持っている。もし私がそれを無視しながら、自分がまず応えることから始めるのだと自負したら、どういう様子になるだろうか。最後に語る、十二番目もしくは十三番目に、結びとして、かつまた同時に導入として、最後に語るということで、私はとてつもない危険を冒すことになりはしまいか。これらの思想家たちを弟子として取り扱うという醜悪な態度、それどころか一種の使徒であり、そのなかには私がとくに好んでいるものもいれば潜在的に悪意ある裏切り者もいるかもしれない使徒であるかのように取り扱うという耐えがたい態度をとることになりはしまいか。ここでユダとなるのはだれだろうか。ひとりの使徒（*apostolos*――神の使い）にも、イエスにも、ユダにもなりたくない者は、なにをなすべきか。つまり自分が使徒でも、イエスでも、ユダでもないと知っている者は、なにをなすべきなのか。（だがしかし、どのようにして、こうしたものごとに確信を持てるのだろうか。またどうすれば、これらの母型から逃れられるのだろうか）。というのも、少し後になって私は、次のような疑いを抱いたからである。その事情はこうだ。この共著に集まった参加者の数を数えてみると、ちょうど十二人なのである（まだなお待たれていたのは、だれか）。それから、デーヴィッド・ウッドの手紙のなかに、「斜めからの捧げもの［oblique offering］」および「パッション」という言葉があるのに気づいたのである。それゆえ、もしかするとウッドは、ある秘儀の邪悪な演出家なのではないか、実際「遠回しの＝斜めからの捧げもの」、彼のものでもないし、私のものでもない捧げものは、聖体の秘蹟〔*eucharistie*〕の味わい、イロニーを含んだ、揶揄的な味わいを持っているのではないかという疑いを抱いたのだ。（いかなる菜食主義者であっても——この十二人の会食者のうちに、少なくとも二人はいるのを知っているが——、イエス・キリストの肉と血を体内に取り入れるという神秘的なカニバリズムの崇高さと縁を切ることは、けっしてできないだろう）。「これは我が肉である。あなたがたに贈られたこの肉を、私の思い出として取っておきなさい」——これこそ、最も《oblique》な贈与ではないだろうか。これは、私が『弔鐘』のなかで、あるいは「他者を‐食べる」ことについての、また「カニバリズムの修辞学」についての最近のセミナーのなかで、この間ずっと註解してきたことではないか[★13]。以上のことは、応えないための理由、さらにもう一つの理由となる。この共著は一つの〈最後の晩餐〉ではない。そして私たちを集わせる、イロニーを含んだ友愛は、それを知ることに存する。つまり、そうした悲しい喪に服したカニバリズムのほうを「斜視で〔squinty eye〕」見つめながらも、これは最後の晩餐ではないと知ることに存するのである。

2　実際、もし私が応えるとすれば、私は、自分が〈応えることのできる〉と感じている人間の位置に自らをおくことになるだろう。そういう人間はどんなことにも返答を持っており、各人に、各々の問いに、各々の反対もしくは批判に応える能力があると思い込んでいる。そういう人はまた、ここに集められたテクストの各々がその力、その論理、その独特な戦略を持っているということを、見ようとしない。すべてをもう一度読まなければならないということ、各人の作品とその行程、さまざまなモチーフや論拠、言述上の伝統、そこで活用されている多数のテクスト、等々を再構成しなければならないだろうということを、見ようとはしない。もしそんなことをするのだと主張するならば、しかも何ページかでそうすると言うとするならば、それは一つのヒュブリス〔行き過ぎ、増長〕に、そして底しれぬ単純さに属することになろう。まず第一に尊重を欠くことは明白であり、つまりは他者の言述、仕事、そして捧げものへの尊重を欠いていることになるだろう。それならばなおさら、応えないほうがよい。

3　これまであげた二つの論拠から、ある種の非応答こそ、前に言及したあの（規則のない）礼儀正しさを証言することができるということ、そして結局のところ他者への尊重を証言し、つまりは責任を持つという要請も証言できるということが、見て取れる。おそらくひとはこう言うだろう。この非応答こそ最良の応答である。それはやはり一つの応答なのであり、責任の徴しである、と。そうかもしれない。だが、なお待つことにしよう。いずれにせよ、ひとは思い浮かべるだろう。応答することに伴う傲慢さ、あの自己満足、あの初歩的な過信のことを。良識ある教育は子供たちに、大人が子供に向かって語りかけ、いろいろ注意したり、批判したりするとき、「応える」べきではない、とにかく大人に対して問いを発するべきではない、と教える（フランスの作法の伝統、感覚ではそうである）。ちょうどそういうときに、「応える」ことに伴う傲慢、自己満足、過信のことである。

4　どんな応答にせよ、それが応答である限り、自分を買いかぶった厚かましさから解放されることはけっしてないだろうが、それはなぜかと言えば、そうした応答が、そうやって他者に対して、かつ他者の前で応えることによって、他者の行なう言述に釣り合うことができる、他者の言述を位置づけ、理解し、さらにはその言述の周りに線を引いて範囲を画定することができると自負するから、というだけではない。それはまた、応える者が、同じくらいの軽率さから傲慢さとともに、自分は他者に対して、かつ他者の前で応えることができる、なぜならまず最初に自分に責任を持つことができるから、自分がすること、言うこと、もしくは書くことのできたことはそのすべてを受け合えるから、と想定していることにもよっている。自分に責任を持つということは、ここでは次のようなことを意味するだろう。すなわち、自分がすること、言うこと、書くことのできたことは、そのすべてを知っていると思い込んでいる、ということである。それを、ある有意味な、そして整合的で一貫した総合［synthèse］のうちに結集させるのだ、一つの同じ印璽［sceau］によってそれに署名するのだ、と思い込んでいることである（そのジャンルがどんなものであれ、またその場所あるいは日付、言述上の形態、文脈上の戦略、等がどういうものであれ）。それはまた、こう措定することを意味するだろう。つまり、それによれば、同じ「私は考える」が、あらゆる「私の」観念＝表象に同伴している。[★14] これらすべての観念＝表象は、それ自身一つの体系的な、同質的な、主観化しうる織物をなしている。つまり、諸々の「テーゼ」、「テーマ」、「対象」、「語り《レシ》」、「批判＝批評」、「価値評価」の連なった織物をなしている。そうしたものの記憶を、「私」なるものは全的に、なにも欠けるところなく無傷なままに持っており、それらの前提や帰結もすべて知っているだろう。こう措定することになる。それはまた、次のように思い込むことにもなるだろう。すなわち脱構築は、批判［la critique］と同じ次元に、まさしく脱構築が、その概念もその歴史も解体しつつ構築し直そうとしている批判と同じ次元に属している、と。これらの思い込みは、ひとがどうしても思いとどまらせることのできない、独断論的な単純さがあるのと同じ数だけ存在する。だがそれにしても、とにかく応えないためのいっそうの理由となる。つまり、まるでひとが他者に対して、他者の前で、自分を受け合う〔責任を持つ〕ことができるかのようにふるまうことをしないための理由となる。次のように言って、反論する人々もいるだろう。たしかにそうであるが、しかしそのとき、こういう非応答は、やはり一つの応答である。最も礼儀正しい、最も謙虚な、最も注意深い、そして最も他者を尊重し、かつ真実も尊重している応答である。この非応答はやはり一種の、礼儀正しさと尊敬とを大切にする形態であろう。責任を注意深く実行する一形態、一つの責任ある形態であろう。いずれにせよこのことは、ひとは応えないことはできない、ということを、あるいはまた、応えないようにするべきではない［on ne doit pas ne pas répondre］、ということを、確認しているだろう。なにも応えないことはできないし、なにも応えないようにするべきではない。ここでは、義務（べきである）と能力＝権力（できる）とは、奇妙なやり方で、共に含意しているのである。そうかもしれない。だが、なお待つことにしよう。

　これまで検討してきた四つの議論に従うとするならば、私は応えないことで、すなわち省略法によって応えたり、斜めから応えたりすることで、過ちを（礼儀作法上の過ち、道徳上の過ち、等）を避けることになろう。そのとき私は心のなかで、こう呟いていたことになるだろう。応えないほうがよい、応えないほうがもっと正しく、もっと慎み深く、もっと道徳的であるだろう。他者のことを尊重することになろう。批判的思考の下す命令、超《ハイパー》批判的な、そしてとりわけ「脱構築的な」思考、つまり教義＝教条や予断にあたう限り抵抗することを求める思考の下す命令を前にして、もっと責任あることになるだろう、と。しかしながらこうして、もし私が以上のごときもっともな理由に服したとすれば、そしてこの非応答こそ最良の応答であると信じて、応えないように決心したとすれば、そのとき私はいっそう悪しき危険を冒すことになるであろう。

それは、どんな危険だろうか。

1　まず第一に不当な仕打ち、あるいは不正なことは、次の点だろう。すなわち、呼びかけてくれた人々、ここに贈られた諸テクストのことをあまり真剣に受け止めないように思えること。またそれらの人々、テクストに対して、許しがたい忘恩と罪ある無関心を証言してしまうことである。

2　次に不正な点は、応答しないための「もっともな理由」をうまく活用して、沈黙ということを、さらにいっそう戦略的に用いることである。というのも、応答しないという技法、もしくは応答を延期してしまうという技法があるのであって、それは一種の戦争のレトリック、ポレミック上の策略となっているからである。礼儀正しい沈黙というものがこの上なく人を傷つける武器、最も辛辣な皮肉になることがありうる。真摯な態度で応え始めるためには、参加者みんなのテクストをもう一度読み、よく考え、勉強しておかなければならないという口実のもとに（なるほどそれは必要なことだが、しかし永久の時間を要するだろう）、応答を延期するというやり方で、あるいは応答を回避するとか、まったくの省略法による応え方を取るという仕方で応答しないことは、うまく隠れて、反対にさらされないよう身をかわすということ、居心地のよいままにとどまるということになりうる。つねにそのおそれがある。さらに言うと、他者に対して応える力もないし、自分を受け合う力もないと感じるから、という口実を前面に押し立てると、理論的にも実践的にも、責任の概念を徐々に蝕むことにはならないだろうか。まさに社会関係＝連帯性［socius］ということの本質そのものである責任の概念を、そうしてしまいはしないだろうか。

3　これまで述べてきたすべての議論を通じて自分の非応答を正当化しようとするならば、さらになおひとは諸々の一般的な規則、規範に参照を求めることになる。それゆえ、さきほど私たちがもう一度喚起しておいた原則、礼儀正しさと責任の原則にもとることになるだろう。その原則とはつまり、どんな負債にせよ、自分がなんらかの負債を支払ったと信じるようなことはけっしてあってはならない、という原則である。そしてそのためには、けっして単にある一つの規則に応じて行為する、というのではいけないという原則である。「義務に順応して」ふるまうのであってはならず、また「義務から発して」でさえも行為するのであってはならない、ましてや「礼儀作法によって」ふるまうのであってはならぬ、という原則なのである。もしもそういう仕方で行為するとすれば、それほど非道徳的なこと、非礼なことはないだろう。

4　最も悪しきことは、次のことであろう。すなわち、たしかに不充分な応えであるにせよ、それでもある真摯な、慎ましい、限りのある、やれるだけのことはやったという努力を証言している応答をする代わりに、ある際限もない言述《ディスクール》を続けることである。そういう言述は、なにものかを提供するふりをする。一つの応答の、もしくは非応答の代わりに、さっきから考えてきたすべての問い、非問い、あるいは非応答に関するなんらかのパフォーマティブを、つまり多かれ少なかれ高性能な、そして多かれ少なかれ高次言語的なパフォーマティブを提供するかのように見せかけるだろう。そんな操作は正当なる批判にさらされるであろうが、それは当然である。こうした操作はその身［corps］をさし出すだろう、つまりちょうどサクリファイスにおいてのように、きわめて脆い身体を、最も正当なる打撃［coups］に委ねるだろう。というのも、こういう操作は二重になった欠陥に苦しむであろうから。次のような二つの、一見すると矛盾している過ちを積み重ねることになるから。その一つは、制御しうるという自負である。あるいは、上空飛行さながら全体を俯瞰し、さっと見通しをつけることができる（高次言語的、高次論理的、高次形而上学的、等の様態で、そうすることができる）という己惚れである。そして二つ目の過ちは、芸術作品へと（パフォーマンスへと、あるいは文学的パフォーマティブ、虚構、作品へと）なっていくことである。つまりある言述《ディスクール》から、ひとが一つの真剣な、思索に溢れた、思想性豊かな応答を期待していたのに、そうではなくその言述が形だけの美しさを気取る遊びになっていくことである。

Ⅲ

それでは、なにをなすべきなのか。ここで応えることは不可能である。応答に関するこの問いに応えることは、不可能なのだ。応えるべきなのか、応えるべきではないのか、それは必要なのか、可能なのか、それとも不可能なのか、私たちがまさにそう問う、この問いに応えることは、不可能なのである。終わりのないこのアポリアは、私たちを身動きできなくさせる。なぜならそれは私たちを二重に拘束するからである（私は、……すべきである、私は、……すべきでない、それは必要である、そして不可能である、等々）。ある同じ場所で、同じ装置のうえで、まさしく両手が縛られているから。もしくは釘で打ち付けられているから。なにをなすべきなのか。だがまた、いったいなにが起こるのか。というのもこういう事態にもかかわらず、私たちは語ることを妨げられはしないし、その状況を記述し続けること、耳を傾けて聞いてもらおうと試みることも、妨げられはしないから。そういう言葉《ランガージュ》の活動は、いったいどんな性質に属するのだろうか。なぜならこのランガージュは、もう問いにも応えにも属していない、単純には属していないのだから。私たちがこれまでその諸々のリミットを検証してきた、そしていまも検証しつつある問いにも、応えにも、もはや単純には属していないから。こうした検証はなんらかのサクリファイスなしには進められないのだが、この検証はいったいなにに存するのだろうか。こういうことを、ひとは一つの証言［témoignage］と呼ぶだろうか。証言と言っても、ある一つの意味、殉教も、証明［attestation］も、遺言も汲み尽くせないような意味における証言である。[★15] さらに条件があって、それはどんな証言もそうであるように、それがけっして還元されはしない、まさしく検証＝立証にも、証拠［preuve］にも、証明＝論証［démonstration］にも、つまり要するに知には還元されないという条件である。[★16] そうした意味や条件においてならば、証言と呼ばれるだろうか。

私たちは、このテクストの冒頭のシーンに戻って、とりわけ次のことを検証しよう。すなわち私たちが分析者という名を与えた人はもはや、儀式的習わしの、あらかじめ規則の定まった展開を記述できないし、あるいは対象としてすえることもできない、ということである。ましてや、なにやら犠牲にされうる捧げものが決まり通りに繰り広げられる様子を記述したり、対象化したりするのはできない、ということである。だれも犠牲として捧げられる者の役割を演じようとはしなかったし、あるいは供犠を執行する祭司の役割を演じたいと望みもしなかった。すべての動作主［agents］（祭司、犠牲となる者、参加者、観客、読者）は、ただ単に決まり通りに行為することを拒むだけではなく、たとえ彼らが儀式的に規定されている通りの動作をしようとしたとしても、いくつかの矛盾した命令の前で押し止められてしまうだろう。そして、こうして脅かされるのは、つまりそのアイデンティティーにおいて脅かされるのは、一つの宗教的な社会性〔socialité〕だけではない。それのみならず、哲学的＝思想的な社会性も脅かされる。思想的な社会性は呼びかけの、問いの、また応えの次元＝秩序（できることなら、循環的であることが望ましい秩序）を前提にしているが、その限りにおいて、思想的な社会性も脅かされる。ある人々の見方では、こうして共同体〔communauté〕の原理そのものが遮断〔disruption〕のおそれにさらされる。だが別の人々の考えでは、遮断の脅かしはなにも脅威ではない。こういう脅かしはつねに、宗教的な絆、哲学＝思想的な絆、あるいは社会的な絆一般を創設する源、もしくは構成する源だったのである。共同体はこのような傷つきやすさによって生きるのであり、あるいはそれを糧として生命を保つのである。事情はそういうものだ、と彼らは言う。さきほど言及したあの分析者は実際、自分の作業、科学的に対象化しようとする自分の作業にリミットを見出すのだが、それもまったく当然のことである。分析者は、自分が分析したいプロセスの利害関係者なのだ。彼はそのプロセスにおいて、潜在的にはあらゆる役割を演じることが（すなわちまた、そこであらゆる役割を模倣することが[☆10]）可能である。こういうリミットが彼の理解の条件、彼の読解の、解釈の条件を、実定的な仕方で与えている。では、こうした条件の条件とは、どういうものだろうか。それはつまり「批判的な読者〔lecteur critique〕」自身がア・プリオリに、かつ終わることなく、なんらかの批判的な読解〔lecture critique〕にさらされている、ということである。

いったいなにが、このような検証、サクリファイスを伴う検証を免れることができるだろうか。そしてそうやって、たとえばいまここでこうやって語っている言述の空間そのものを保証するだろうか。どんな問いも、どんな応えも、どんな責任もできない。そこにはある秘密〔un secret〕がある、と言おう。証言しよう——そこには密かなものがある〔il y a là du secret.〕ということを。[★17] 今日のところは、この地点にとどまっておくことにしよう。とはいえ、このような秘密の本質に関する、また秘密が存在すること〔existence〕に関する、ある種の演習、アポファティックな演習をしないわけにはすまされない。[★18] アポファティックというのは、ここでは必ずしも否定神学の所管に入るわけではない。むしろアポファティックが否定神学を可能にするとしても、である。そして、私たちが吟味してみようとすることは、なにか。それは、あるなんらかの証言は、「……ということを証言しよう」というこの形態のもとで、またこの文法において自らを言い表すことで、はたして自分自身を確認することが可能なのだろうか、それともほんとうのところは不可能なのだろうか、という点である。

私たちはある秘密について証言するのであるが、そういう秘密は中身を欠いた秘密、そのパフォーマティブな経験、そのパフォーマティブな痕跡づけと切り離すことのできるような中身＝内容はなにもない秘密である（私たちが言っているのは、そのパフォーマティブな言表行為と切り離される、というのではないし、その命題的な論証と切り離される、というのでもない。さらにここでは、パフォーマティブ性一般に関わる多くの問いは、保留しておく)。

それゆえ、こう言おう——そこには密かなもの［du secret］がある、と。問われているのは、だれかある人だけに、あるいは何人かだけに、とくに取っておかれたようなテクニック上の秘密とか、芸術的な秘密ではない。たとえばある様式＝文体、一種の術策、才能の署名もしくは天分の刻印をなすもののことではない。あの熟練した腕前、つまりひとがそれをコミュニケートしえないもの、伝達しえず、伝授もできず、模倣することもできないと信じられているあの秘訣が問われているのではない。また、あの心的－身体的な秘密［secret psyco-physique］のことでもない。つまり、カントが超越論的シェーマティズムについて、また構想力について語っているところの、あの隠された技法《アート》、人間の心魂の深部に潜む、隠された技法［eine verborgene Kunst in den Tiefen der menschlichen Seele］のことでもないのだ。★19

そこには密かなものがある［Il y a là du secret］。問われているのは、あるひとりの意識的な主体が隠蔽している表象＝観念としての秘密ではない。ましてや、あるなにか無意識的な表象の中身＝内容のことではない。つまり、なにかしら秘密の動機、あるいは不可解な動機、人性研究家《モラリスト》、もしくは精神分析家がそれを嗅ぎつける技法を、言い換えれば、暴露し、白日のもとにさらす技法を持っているような、あの密かな動機[☆11]のことではない。キルケゴールは形而上学の歴史に照らしてみると、ほとんど正統的とは言えない意味において、絶対的な主観性［subjectivité absolue］というものを、人間の実存［existence］に認めている。また概念に抵抗して逆らうもの、体系とかヘーゲル的な弁証法の裏をかいてはぐらかすもの一切にも、そうした絶対的な主観性を認めているが[★20]、ここで言う密かなものは、そんな絶対的主観性の領界に属しているのでもない。キルケゴールが区別している段階（美的段階、倫理的段階、宗教的段階aあるいはb）のどれにも、この密かさは属していない。それは聖なるものでもないし、俗なるものでもない。

そこには密かなものがある。だが、私たちがいま示唆したばかりのことを考慮に入れるならば、こういう秘密がそこに在ること［l'être-là du secret］は、私的なものの範疇に入るのではないし、公的なものの範疇に入るのでもない。それは、覆い《ヴェール》を剥がして露出しなければならないような、告白しなければならず、言明しなければならないような一つの私的な内面性ではない。つまり、ひとがいろいろ説明を与え、白日のもとに公然と主題化することによって、それに責任を持たねばならないような、ある私的な内面性なのではない。一つの主題化ということについて、いったいだれがいつか一度なりと見積もることができるだろうか。その主題化はちょうどよい程度に達している、いまや充分な程度である、と。そして、次のこと以上に悪しき暴力があるだろうか。つまり、どうしても応えが必要だと要求することからなる暴力、一切のことに説明を与えるよう要求する、それもなるべくならはっきりと主題化する仕方で説明を与えるのが望ましいと要求することからなる暴力ほど。★21 なぜなら、こうした秘密は現象化されることがないものであるから。フェノメノン的でもないし、ヌーメノン的でもない。この秘密を無条件的に尊重するのを受け入れることは、宗教ができないのと同様に、哲学も道徳も政治も法［le droit］もできない。そのことは、覚えておこう。これらの審級［instances］がどのように構成されているのかと言えば、それは、諸々の説明を求める、また応答を、引き受けられた責任を求めるのに適した審級として構成されているのである。おそらくこれらの審級もときおり、条件的な秘密ならば認めるだろう（告解の秘密、職業上の秘密、軍事機密、製造上の秘密、国家機密、等）。しかし秘密への権利は、これらのケースにおいてはいずれも条件づけられた権利である。なぜならそこでの秘密は分かち持たれるものであり、そしていろいろな所与の条件によってリミットを与えられているから。秘密は単に一つの問題《プロブレム》になる。秘密は、他の諸条件においてならば、言明されるし、また言明されなければならない。一つの応答［réponse］が、そして一つの責任がどうしても必要だと要求されるようなところではどこでも、秘密への権利は条件的になる。この点に関して、哲学、学問＝科学、技術がそうである知にとっては、またそれのみならず宗教、道徳、政治、法もそうであるような知にとっては、密かなものはなく、ただ問題《プロブレム》があるだけである。

密かなものがある［Il y a du secret］。それは、一つの啓示された宗教（すなわち受難《パッション》の神秘）が人々にその奥義を伝授するようなもの、もしくは啓示するようなものの範疇には入らない。一種の否定神学を実践するキリスト教的な信仰者集団における〈知ある無知〉のようなものの範疇にも入らない。★22 あるなにか秘教的な教理が、そのイニシエーションのうちに（たとえばピタゴラス主義の共同体、プラトン主義の共同体、新プラトン主義の共同体などで行なわれた伝授のうちに）伝えた内容の範疇にも入ることはない。いずれにせよ、ここで言う秘密は、それらに還元されることはない。なぜならこの秘密こそが、それらを可能にするのであるから。秘密は神秘的なものではない。

密かなものがある。だが、それは自らを隠蔽しない。秘密は異質的［hétérogène］なのである。隠されたもの、不可解なもの、夜闇のようなもの、不可視なもの、隠蔽しうるものに対して、さらには非表示的なものに対して異質的である秘密は、覆いを剥がして露出できるものではない。秘密は、ひとがそれを開示したと信じるときでさえも、侵されないままにとどまる。

とは言っても、それはある解読不能な地下墳墓［crypte］のなかに、[★23] あるいはなにか絶対的な覆いの背後に永久に隠れている、というわけではない。ただこういう秘密は、覆うこと／覆いを剥がすこと、隠蔽すること／開示すること、夜闇／白日、忘却／想起［anamnèse］、大地／天空、などの戯れ［jeu］を超え出しているだけである。それゆえこの秘密は真理に属していない。ホモイオーシスあるいは適合＝一致としての真理に属していないし、記憶（ムネモシュネ、アレテイア）としての真理にも属していない。[★24] 与えられた真理にも、約束された真理にも、到達不可能な真理にも属していないのである。その非現象性は、現象性と関係していない。ネガティブな関係でさえも、持っていない。そうした秘密が引きこもり、自らを明かさないというのは、あの奥深い内部の次元、ひとが好んで「密かな」と呼ぶ内奥の次元に因っているからではない。また、多くの深い思想的言述（《Geheimnis》〔秘密〕をめぐる言述、あるいはさらにもっと豊かな、汲み尽くせない《Unheimliche》〔無気味さ〕をめぐる言述）にインスピレーションを与えており［inspirer］、あるいはまたそうした言述を惹き込んでもいる［aspirer］、あの〈すぐ近くのもの〉もしくは〈きわめて固有なもの〉の次元に因っているからでもない。[★25]

もちろん、ひとがそう望むなら、この秘密をいろいろな他の名で言うこともできるだろう。他の名というのはつまり、ひとがそれを発見するような名かもしれないし、あるいはひとがこの秘密に与える名かもしれない。第一、そのことは各々の瞬間ごとに生じていることである。

この秘密はどんな名のもとでも、密かなままとどまる。そしてそれがけっして名そのものへと還元されないことこそ、それを密かにしているのである。たとえひとがそれに関して、アウグスティヌスのきわめてオリジナルな言い回しに倣えば、「真実を創る［faire la vérité］」ときでさえも、そうなのである。[★26] 秘密、それはひとがここでそれを秘密と呼んでいるものだ。つまり、一度だけはそれをあらゆる秘密と関係づけながら、すなわち同じ名を持っているが、しかしそれへと還元されることのないすべての秘密と関係づけながら、ひとがそれを秘密と呼んでいるものである。秘密、それはまた同形異義［homonymie］であろう。[★27] 同形異義の、ある隠された資源というのではない。そうではなく、同形異義の、あるいはミメシスの機能的な可能性である。

密かなものがある。ひとはつねにそれについて語ることができるけれども、そのことは秘密を断ち切るのに充分ではない。ひとは無限にそれについて語ることができるし、それに関していろいろな物語＝来歴［histoires］を語ることもできる。その秘密によって作動させられた言述をすべて語ることや、その秘密が巻き起こす物語、または脈絡づける物語などを語ることができる。なぜなら秘密はしばしば密かな物語のことを思い起こさせるし、そういう趣味を抱かせることもあるから。それでも秘密は、ちょうどコーラ［la khôra］のように密かなまま、黙ったまま、動じないままとどまるだろう。『ティマイオス』で語られるコーラ［Khôra］のように、どんなhistoireにも異邦的なままだろう。[★28] つまりGeschichite〔歴史＝事件〕もしくはres gestae〔なされた事、功業〕の意味においても、あるいはまた〈知〉と〈歴史的な語り〉［epistémè, historia rerum gestarum］の意味においても、いかなるhistoireにも異邦的なままだろう。[★29] さらには、どんな時代区分にも時代画定〔時間の流れの中断《エポケー》による画定〕にも異邦的なままであろう。秘密は黙している。それは、一つの言葉《パロール》を保留しておくためではないし、引きこもらせておくためでもない。そうではなく、秘密は言葉に異邦なままであるからだ。あの卓れた言い回し、「秘密、それは言葉のなかで、言葉に異邦なものである」と言えることさえなしに。秘密は言葉に異邦的であるのと同じように、言葉のうちにあるのでもない。秘密は言葉に応えない。それは、「この私、秘密は」とは言わない。それは呼応しないし、répondreしない。つまり、自らを受け合うこと〔責任を持つこと〕をしないし、だれにも応えない。それがだれであれ、またなにであれ、だれの前でも、なにの前でも、応えない。絶対的な非応答である。そういう非応答に向かって、ひとは釈明［comptes］を求めることはできないだろうし、前払い［acomptes］をせよと求めることもできないだろう。非応答にはそれなりにわけがあるのだと責任を軽減し、言い訳を認めたり、あるいは「割引［discounts］」をしてやったりすることもできないだろう。そうしたやり方はいろいろあるが、それらはつねにこの非応答を、一つの訴訟のなかへ、つまり哲学的な訴訟、倫理的な、政治的な、司法的な訴訟のなかへ引きずり込むための策略なのである。秘密はいかなる訴訟も生じさせない。それは、「秘密の効果」でさえない。一見したところ、秘密はそれを生じさせることができるように思える（秘密はつねにそうしさえ、するだろう）し、またそれに同意することもできるのだが、しかしけっしてそれに服しはしないのである。議論における倫理がこんな秘密を尊重しないことは、つねにありうる。（議論の倫理は、秘密を尊重することを当然の義務にしているはずである。たとえ、秘密は intraitable（扱いようがない、妥協しない）ものであるから、そのことは難しいか、あるいは矛盾しているように見えるとしても）。けれどもそのことは、けっして秘密を縮減してしまうことはないだろう。そもそも、もし秘密がないとすれば、いかなる議論も開かれないだろうし、展開されもしないだろう。そして、ひとがそれを尊重しようとしまいと、秘密は動じないままにそこにある。隔たりを保って、到達されないままに。その点において、ひとは秘密を尊重しないわけにはいかないのである。それを望もうと望むまいと、知っていようと知らぬままであろうと。

そこにはもう時間はなく、場所［place］もない。

最後に、一つの打ち明け話をしよう。おそらく私は文学に対する、もっと精確に言えば文学的エクリチュールに対する私の嗜好（それもたぶん無条件的な）を打ち明けようと望んだ、もしくは再確認しようと望んだだけなのかもしれない。私が文学一般を愛しているというわけではないし、他のなにであれ、なによりも文学を好むというわけでもない。たとえば、ある人々がそう考えるように、哲学よりも文学を愛するというのではない。そういう人々は結局のところ、文学も哲学もよく区別することができないのである。私が、どんなものでも文学へと還元しようと望んでいる、などということはない。とりわけ、哲学をそうしようとしているわけではない。実のところ私は文学なしですますこともできるし、それも実際にはかなり容易にそうするだろう。もし私がどこかの孤島に引きこもらなければならないとしたら、たぶん私は結局のところ歴史書、回想録を携えていくだろう。そしてそれらの本を私の流儀で読み、おそらくはそこから文学的なものを創り出すだろう。その逆ではないとしたら、の話ではあるが。このことは、他の書物（美術、哲学、宗教、人文科学、自然科学、法律、等々）についても、そう言えるだろう。だがしかし、私が文学一般を愛するのではなく、また文学を文学自身において愛するのでもないけれども、とにかく文学のうちにあるなにかを愛するとすれば、とくになんらかの美的な資質に還元されるのではなく、形式上の享受に還元されるのでもないなにかを愛するとすれば、それはまさに秘密の場においてであろう。ある絶対的な秘密の場において、であろう。そこにこそ、パッションがあるだろう。秘密がなければ、この秘密がなければ、パッションはない。だがしかし、こういうパッションがなければ、秘密もない。〈秘密の場において〉――とはいえ、そこではしかし、一切が言われている。そしてそこでは、残り［le reste］はなにものでもない――残り以外のなにでもない［le reste n'est rien ― que le reste］、文学的なものでさえない。

これまでもよく私は、文学と、古典的な文芸あるいはポエジーとのあいだに区別を行なうことの必要性を強調してきた。文学とは、近代になって創出されたものであり、さまざまな慣習的約束事や制度のうちに登録されている。それら約束事のおかげで、いろいろなことが認められているのだが、いまその一つの特徴のみをあげるとするならば、どんなことでも一切を言ってよい権利が原則として保証されている。こうして文学はその命運を、ある一定の非検閲というものに、すなわち民主的な自由の空間に結んでいる（出版の自由、言論の自由、等々である）。文学なしには民主主義はないし、民主主義なしには文学もない。ひとはつねに民主主義も、文学も受け入れないことはできる。そして、どんな政治体制の下であれ、平然とそれなしで済ませることもできる。またひとは、民主主義も文学も、無条件的な財産ではない、欠くべからざる権利ではないとみなすこともありうる。けれども、いかなる場合にせよ、民主主義と文学とを切り離すことはできない。そんなことをすれば、どんな分析も可能ではなくなってしまうだろう。さらには、ある一つの文学作品が検閲されるという事態が起こるたびごとに、民主主義は危険にさらされている。この点には、だれしも異存ないだろう。文学の可能性、ある社会が文学に授ける認可、文学に対して嫌疑をかけたり、テロの対象にしたりしないこと。それらは、政治的な面において、次のような権利といっしょに進行するものである。すなわち、すべての問いを提起する権利、あらゆる独断論、教条主義を疑う権利、一切の予断、前提を、たとえそれが倫理の前提、もしくは責任の政治学の前提であったとしても、分析する権利というような、無制限な権利と並んで進むものなのだ。

しかし、一切を言ってよいということの認可のおかげで、あるパラドクシカルな事態が生じる。というのも著者は、自分が書いた著作の人物、ないしは登場人物が言うことやすることに、どんな人の前でも、自分自身の前でもそうなのだが、責任を持たない著者になるのである。つまり、彼が自らそれを書いたとみなされるものに責任を持たない著者というものになるのだ。そして、こうした「声々」は言葉を語り、ひとを来るままにし、あるいは来させるようにする――たとえ人物のいない文学、また登場人物のいない文学においてさえも、そうなのである。どんなことでも一切を言ってよいということの認可。それは、「主体」の責任ということを、一見したところ超‐責任化［hyper-responsabilisation］ということまで拡張するものとしての民主主義と並んで進行しているように思える。だがしかし、この一切を言ってよいという認可は、ある絶対的な非応答への権利を承認する。応答することが問題とはなりえないようなところで、また応答することができる〔pouvoir〕とか、応答するべきである〔devoir〕とかいうことが問題になりえないところで、ある絶対的な非応答の権利を認めるのである。こういう非応答は、〈できる＝能力＝権力〉〔pouvoir〕の様態、また〈べきである＝義務〉〔devoir〕の様態よりももっと原初的であり、もっと密かである。なぜなら非応答は結局のところ、pouvoir にも devoir にも異質的なのだから。ここには民主主義の、ある誇張法的な〔hyperbolique〕条件がある。この条件は、さきほど述べた民主主義の概念、つまりある一定の仕方で規定され、歴史的に限界づけられた概念に反駁するように思える。その民主主義の概念は、計算しうる主体、計測可能な、責を帰すことのできる、責任を取れる主体という概念、法の前で応答すべき者、真実を言うべき者、「真実のすべてを、真実のみを」語ると宣誓して証言すべき者、秘密を露わにすべき者としての主体の概念に結ばれている。例外とされるのは、ただ法によって規定された、ある一定の決まった状況だけである（告解、医者や分析医や弁護士の職業上の秘密、国防上の秘密もしくは国家機密、製造上の秘密、等々）。誇張法的な民主主義の条件は通常の民主主義の概念に反駁すると述べたが、こういう反駁は、あらゆる来たるべき民主主義にとっての任務を示唆しているだろう。それは、思想上の任務でもあり、また政治上・実践上の任務でもある。

　文学のうちには、つまり文学の秘密、範例的な秘密のうちには、秘密に手を加えることなしに一切を言うチャンスがある。秘密は私たちの心をとらえて離さない［passionner］のだが、それはどんなときだろうか。それは、次のようなときである。つまりまず、あるテクストの意味について、あるひとりの著者の最終的＝究極的な意図や志向に関して、あらゆる仮説が限度なく、無限なまでに許されているときである。その著者の人格《パーソン》は、ひとりの登場人物によって、あるいは語り手によって、[☆12] あるいはまたなにか詩的な、もしくは虚構的な文章によって、表象されていないのでもないし、表象されているのでもない。それらの登場人物、語り手、文章は、その源泉と思われているものから分離して、隠れたままとどまるのである。さらに、次のようなときである。テクストが自らを表示するその表面の背後において、なにかしら秘密の意味を決定すべきではなく、そんな決めるべき意味などもうないとき（まさにこういう状況のことを、私はテクストもしくは痕跡と呼んでいる）。また、その秘密の呼びかけが、それでも他のもの＝他者［l'autre］に、あるいは他なるもの［autre chose］に送り返すときである。そして、まさにそのこと自体が、私たちのパッションを刺激して気をそらさず、私たちを他のもの［l'autre］に結びつけておくとき。そうしたとき、秘密は私たちの心をとらえて離さない。たとえ秘密はないとしても。なにであれ、なにかの背後に隠れて、秘密は存在しない［s'il n'existe pas］としても、そうなのだ。たとえ秘密は秘密でないとしても。たとえなにかある秘密、たった一つの秘密もなかった、としても。一つもない、としても。

ひとは斜行性＝遠回りというものと、いつか一度なりと明確に決別することができるだろうか。秘密は、もしそれがあるとすれば、なにかの角〔angle〕の屈曲部に隠れているのではないし、ある種の透視力に、あるいは斜視の眼差しに身をさらすのでもない。まったく単純に、秘密は見えないのである。一つの語〔mot〕が見えないのと同様に、見えないのだ。語的なもの〔du mot〕があるやいなや、そしてこのことは痕跡一般についても言えるし、痕跡がそうであるような好運〔chance〕についてもそう言えるのであるが、ダイレクトな〔直線的な〕直観のほうは、もはやいかなるチャンスもない。ひとは、さきほど私たちがそうしたように、「斜めからの」という語を告発することはできる。だが、痕跡的なものがあるやいなや、彷徨いつつ向かう〔向かいつつ彷徨う〕非直線性〔l'indirection destinerrante〕を否認すること〔dénier〕は、できない。というか、むしろそんな非直線性を、ひとは否認することしかできない、と言ってもよい。

ひとは、秘密を停泊させて臨検すること〔秘密を理性に従うよう説得すること〕は、つねに可能である。秘密にいろいろな物事を言わせることができるし、秘密がないところに秘密があるかのように信じさせることもできる。ひとは秘密を利用して、嘘をつくこと、欺くこと、誘惑することができる。秘密を弄ぶこと、ちょうど一つのシミュラークル〔模擬〕、一つの擬餌〔leurre〕、さらにまた一つの計略を活用するように、ひとは秘密を活用することができる。ある「効果」を活用するのと同じように、そうすることができる。ひとは秘密を、まるで絶対に奪取されることのない資源のように引き合いに出すこともできる。そうやって、他者に対して、ある幻想的な［phantasmatique］権力を確保することもありうる。それは、ごく日常的に生じていることである。しかしこのシミュラークルそのものがある一つの可能性を、さらになお証言している。つまり、その模擬をのり超える可能性を証言しているのである。この可能性は模擬をのり超えるのだが、しかしなんらかの理念的な共同性へと向かってのり超えるのではない。むしろ、ある種の孤独〔独りであること〕［solitude］へと向かってのり超えるのである。そういう孤独はしかし、ひとりの孤絶した主体の孤独［solitude d'un sujet isolé］とはどんな共通の尺度もない孤独である。こうしたひとりの自我［*ego*］の、自分に属する固有領域［*Eigentlichkeit*］は、他我 *alter ego* の類推的な間接的提示を生じさせるだろう。そして、そこに間主観性が構成されるだろう。[★30] だがしかし、いま述べたような孤独は、そんな自我《エゴ》の独我論という孤独とはいかなる共通の尺度ももたないのだ。また、そういう孤独は、現存在［*Dasein*］の〈各自性〉［*Jemeinigkeit*］という孤独、つまりその孤独は、ハイデガーの考えではやはりなお共存在［*Mitsein*］の一つの様態であるのだが、そんな各自性という孤独とも、どんな共通の尺度も持たないのである。[★31] 孤独、それは秘密の別の名である。やはりシミュラークル〔模擬〕が秘密を証言するのであるが、そんな秘密の別の名である。そういう孤独は意識の孤独ではなく、主体の孤独でも現存在の孤独でもない。ハイデガーによれば、現存在は自分自身によって、自らが本来的に存在しうること［son pouvoir-être authentique］を自らに証言するのであるが(*Bezeugung*,『存在と時間』、五十四節およびそれ以降、参照)、そうした「自らが本来的に存在しうること」における現存在の孤独でさえない。孤独はそれら意識とか主体とか現存在とかを可能にするのだけれども、しかし孤独が可能にするものは、秘密に終止符を打つことはない。秘密は他者への関係［le rapport à l'autre］によっても、また共存在［l'être-avec］によっても、あるいは「社会的な絆」のどのような形態によっても運び去られることはないし、再び覆われてしまうこともない。たとえ秘密はそれら他者への関係、共存在、「社会的な絆」を可能にするにしても、秘密はそれらに応えない。秘密は応えないものである。いかなる**responsiveness**〔敏感な反応、打てば響くような応答〕もない。ひとはそれを死と呼ぶだろうか。与えられた死［la mort donnée］、と？ 受け入れられた死［la mort reçue］、と？ だが私にはそれを、生、実存、痕跡と呼ばない理由はまったく見あたらない。そして、それは反対のものではないのである。

したがって、さきほど述べたように、シミュラークル〔模擬〕がある一つの可能性を証言している、つまりその模擬をのり超える可能性を証言しているとすれば、こういうのり超えはずっと残る［ce dépassement reste］のである。このこのり超えは、残るもの（である）［il (est) *le* reste]、のり超えはそのままであり続ける［*il le reste*］。たとえ、まさしくひとはここで、いかなる証人、そうと規定しうる証人にも信を置くことができないとしても、また証言の価値、どんな保証された価値にも信を置くことができないとしても、つまり言い換えれば、いかなる殉教（*martyria*）の歴史も信用することができないとしても、そうなのである（*martyria* という名辞は、神の証人を指している）。なぜなら、ある一つの証言の価値を、知の価値、もしくは確信の価値と和解させるようなことはありえないから。それは不可能だし、そうしてはならない。一方を他方へと還元するようなことは、ありえない。それは不可能だし、そうしてはならない。

以上のとおりが、私の考えでは、ある種の殉教なきパッションという絶対的孤独であり続けるものである。

一九九一年七月

原註

〔註の前に〕

ここで展開される思索、そのテーマ、その源泉を形成しているのは、ある一定の「文脈」である。それゆえ一つの「応答」として書かれたこのテクストを読むにあたって、どんな文脈で書かれたのかを提示しておくことは、どうしても必要になる。この「応答」のオリジナルなヴァージョンは、最初、デーヴィド・ウッドによって翻訳され、次の著作のなかに英語版として出版された。*Derrida: A Critical Reader*, David Wood (ed.), Basil Blackwell, Oxford, UK, Cambridge, USA. 著作は全部で十二の試論からなっており、そのうちの一篇であるこの「応答」は、原則として、他の試論に答えるはずになっていた。『リーダー』という英・米の伝統にそって編まれた、この共著は、一つの入門書とか、註釈書として構想されたのではない。ましてや『オマージュ』としてではなく、その表題が示唆するとおり、むしろ批判的な議論の場として考えられたのである。参加者は、ジェフリー・ベニングトン、ロバート・バーナスコーニ、ミシェル・アール、アイリーン・ハーヴェー、マンフレッド・フランク、ジョン・ルウェリン、ジャン＝リュック・ナンシー、クリストファー・ノリス、リチャード・ローティー、ジョン・セイリス、デーヴィド・ウッドであった。

それが正しいのか、まちがっているのかは別として、今日、このテクストを、他の二つの試論、*Sauf le nom*『名を救って／名を除いて』および *Khôra*『コーラ』と同時に出版することは、正当な理由があると、私には思われる（ともにガリレ書店）。それら三冊の本は、むろん別々に切り離されているけれども、お互いに呼応し、おそらくある一つの同じ地形の内部で相互に照らし合うように思える。これらの表題たちは身軽に動く統辞法によっているが、そんなシンタックスのもとで、ひとはいわば「一つの与えられた名についての三篇のエッセー」

を読むことができるだろう。あるいは、むしろこう言うほうがよければ、「与えられた名に（匿名、メトニミー＝換喩としての名、パレオニミー＝古名、クリプトニミー＝隠された名・秘名、プスドニミー＝偽名・変名に）起こりうることについての」三つのエッセーと言ってもよい。「与えられた」名に起こりうることというのは、それゆえまた「受け取られた」名、さらには「しかるべき、当然の」名に起こりうることである。言い換えれば、ひとが、ちょうど義務という名（与える、もしくは受け取る義務という名）にそうであるように、おそらく名に、名の名に、つまり異名＝綽名［surnom］に負っていること（名に、名の名に、異名＝綽名に与え［donner］ねばならないこと、捧げ［sacrifier］ねばならないこと）についての三篇のエッセーである。

☆1――実際、『盗まれた手紙』のなかで、またとりわけ『モルグ街の殺人』の冒頭部分で、〈語り手〉は分析および分析者というものについて、どんなことを示唆しているだろうか。分析者という概念が規則通りのものではなく、いちばん鋭い意味合いをおびるために、〈語り手〉は、分析者というものは計算を超えて、さらには規則も超えて彼方までいかねばならないと、示唆している。「というのも、要するに、計算というのはどんなものでも、それ自体において分析である、などということはないからだ。（略）分析者の才能が表れるのは、規則を超えたところに生じる事柄に関する場合なのだ。彼は黙って〔*in silence* 強調は引用者〕、無数の観察と推論をする。おそらく彼のパートナーたちも、それと同じくらいするだろう。（略）わかると思うが、創意工夫に富んだ人間というのは、つねに想像力に溢れており、そして真に想像力に溢れているのは、分析者にほかならないのだ」（ボードレール訳、Bibliothèque de la Pléiade, éd. Y.-G. Le Dantec, pp. 7-10）。『盗まれた手紙』において、デュパンはシャンフォールを引用しつつ、数学的な理性こそが「優れて理性なるもの〔the reason par excellence〕だ」とみなす慣習を、「愚かしさ」と非難する。そして、「分析」というタームを、ただ「代数的操作」にのみ適用することは、フランス特有の「科学風の詐欺」であると言う。

さっそくだが、次の点に注目しておこう（というのも、それは私たちのテーマに関わるから）。こうした語り手とデュパンとのあいだのやり取りは、密かに、ある「秘密の場所で」行なわれる。彼らのように、彼らといっしょに、私たちは――フランス語の慣用表現で言うとおり――「外部と遮断されたところに幽閉されて」おり、「秘密なことを打ち明けられて」いる。とはいえ、そのことは、私たちがなににせよなにかを知っている、という意味ではないのだ。語り手はそのことを、言っている。エドガー・ポーによって書かれ、出版された形においてだが、この語り手は少なくともそのことを、そしてまさにそれを、私たちに告げている。すなわち秘密は二度、言われる（住所も示される――「モンマルトル街の、薄暗い図書室」[at an obscure library in the rue Monmartre]。次は、「フォーブール・サン・ジェルマンの、ある引きこもった、人気のないところ」[in a retired and desolate portion of the Faubourg St. Germain]。さらには、「デュノ街三十三番地」[numéro33, rue Dunôt, Faubourg St. Germain]）。けれども、だからといってこの同じ秘密が、なんらかの点で損なわれる、などということはないのである。そのことは、どうしてなのか。なぜなら問題となっているのは、痕跡だからである。そして、秘密が語られるのが言述〔ディスクール〕の痕跡のなかで、であるから。続けて言うと、書き込みの、書き写しの言述、もし慣習に従いたければ、書き物の言述のなかで、そして文学という書き物のなかで、であるから。さらに、フィクションの文学のなかで、語りの、ある語り手の口に置かれた語りのフィクションのなかで、であるから。そして、いま挙げたこれらすべての理由のために、私たちはそんな語り手に信用を与えるなどという義務は少しもないから。一つの秘密は、ヴェールを剥がれる〔暴露される〕ということなしに表明されうる、言い換えれば、秘密は表示されている――このことこそ、まさにここで、翻訳[traduire]すべきこと、またつねに翻訳するべくとどまっていることである[ce qu'il y a (es gibt) et restera toujours à traduire]。

☆2――「彼は私に事細かに、自分の家族のちょっとした話を語ってくれたが、私はすっかり引き込まれてしまった。その語り口はと言えば、純真で屈託のない、ちょうどフランス人が自分自身の事柄に言い及ぶとき、だれもがそうであるような、あの少しも儀式ばらずに自分を語る口調なのだ」(*Œuvres Complètes*, trad., p. 11)。英語原文はこうである。《I was deeply interested in the little family history which he detailed to me with all the candor which a Frenchman indulges whenever mere self is the theme.》ボードレールの翻訳は、きわめて個性的な、原文にうまく適合しているというよりはむしろ自分に引きつける翻訳だが、それによれば「フランス人だれもがそうであるような」特徴、「あの少しも儀式ばらずに自分を語る」特徴を身に付けるには、あるいはその特徴にうまく適合するには、はたしてフランス語を話すだけで、フランス語を話すのを学んだだけで、フランス市民である、もしくはそうなっただけで、充分なのだろうか。

☆3――ここで、次の点に関する分析、ゆっくりした、ダイレクトではない、たしかかどうかわからない分析をすることを、たとえ節約によってであれ、省くようなことはするべきでないだろう[On devrait ne pas devoir... 英語に翻訳しにくい言い回しだが、あえてこう書いたものだ。フランス語を残していただきたい]。すなわち、ある一定の言語圏・文化圏において――一定の、というのだから、すべてのではないし、まったく同様にというわけでもないけれども――、義務というものの根を、負債のうちに生え出たことにするものの分析である。その分析に取りかかるまえに、私たちはある一つの、どうしても気になる感情から抜け出すことができない。そういう感情がはたして一つの母語、もしくは一つの文化によって条件づけられているのか、いないのかを知ることは、難しい。おそらくそれは、ある感情(そのタームの最も共通の意味における、また感性という意味、カントが語る「パトローギッシュなもの」の意味における)以上のものである。とにかく私たちはたしかに、次のようなパラドックスを感じる。つまり一つの所作は、もしそれが「元に戻す義務」という意味での義務によってなされるなら、すなわち結局のところある負債を返すことへと還元されるような義務、なにか貸されたもの、借りられたものを「戻す-義務」としての義務によって行なわれるとすれば、そんな所作は非-道徳的なものとしてとどまるだろう、と。そういう所作は、あの限界のない贈与的肯定、計算しえない、計算してはいない、再び自己所有することがありえない肯定、それに則して私たちが倫理の倫理たること、モラルたることを測らねばならない贈与的肯定の手前にとどまってしまうだろう。純粋な道徳性は、それが意識されたものであれ無意識的なものであれ、あらゆる計算を超え出なければならない。あらゆる狙いを、元に戻すという企図、ないしは再び自己のものとして所有するという企図の一切を、超出すべきなのだ。その同じ感情は、私たちにこう語る（おそらく、なにも強いることなしに、だが）。義務を超えてその向こうまで行かねばならない、少なくとも負債としての義務の彼方へと行かねばならない、と。すなわち義務はなにも負ってはならない、義務はなにものも負わぬべきだ、義務はいずれにせよ、なにも負わないものであるべきだろう、と。だがしかし、負債のない義務というものは、あるのだろうか。私たちに向かって次のように語る言葉［dire］を、いったいどう聞き取ればよいのか、どう翻訳すればよいのか。一つの義務は、それがそうであるべきものであるためには、あるいはそれがなすべきことをなすためには、すなわち一つの義務、自らの義務であり、それをはたすためには、なにものも負わぬべきである、と語る言葉を。ここで告げられているのは、文化というもの、またランガージュ〔言葉の活動、語法〕というものと決別する、密かに目立たない仕方で、黙したままに決別するということである。そしてそれこそまさに、ここで言うところの義務なのだ。おそらくそうなのである。

しかしもし負債が、負債のエコノミーが、どんな義務にもつきまとうのをやめないのならば、そのとき私たちはこう言うだろうか、義務は義務を超えてその彼方まで行くように、と命じている、と。また、これら両者の義務のあいだで、〈義務を超えて行け〉と言うほうの義務の、柔和だが、しかし手に負えない［intraitable］命令に耐え、持ちこたえられるような共通の尺度などあるはずがない、と言うだろうか。それにしても、いったいだれが次のことを、いつか一度なりと証明するだろうか、こうした負債という懸念が、いつの日にか義務の感情を不安がらせるのをやめることができる、あるいはやめるべきである、と。こういう不安は私たちに、非のうちどころのない良心［bonne conscience］というものに対して、どうもうさん臭いという感じを、際限なく抱かせるのではないか。その不安は私たちに向かって、初めのほうの義務を、もしくは後者の義務を命じないだろうか。ここにおいてまさに、語源学的‐意味論的な意識や認識が不可欠となる。たとえそれらの意識、認識が、そういうものとして決定的な役割をはたすべきではないとしても、である。私たちはここでは、いくつかの参照事項を示唆するだけで満足しなければならない。(「ここでは」と言うのは、規則を与える言い回しになっている。つまり一つの場所、書物の紙幅の限度、一定の時間、あるデッドライン、等々であり、それらはこの共同著作という「一種のミステリアスなセレモニー」の、規則づけられた時間と空間をなしている)。私たちは、それらの参照事項を相互のあいだで交叉させ、もしできることなら網状に配置してみるべきだろう。たとえば『実践理性批判』および『人倫の形而上学の基礎づけ』における義務の規定、法[le droit]の形而上学のなかでカントが行なっている負債と罪の感情との規定、『存在と時間』のなかで「証言[Bezeugung]」、「呼び声[Ruf]」、根源的な「罪ある(負い目ある)存在[Schuldigsein]」についてハイデガーが行なっている思索、さらには『道徳の系譜学』の「第二論文」において、ニーチェが考察していること、つまり「過ち＝負債[Schuld]」、「疚しい良心[Schlechtesgewissen]」および「それらに似ているもの[und Verwandtes]」の考察などのあいだを、きわめて起伏に富んだ軌道に沿いながら、自在に往来することである。ニーチェはその「第二論文」のなかで、まず「責任というものの起源に関する長い歴史[die lange Geschichte von der Herkunft der Verantwortlichkeit]」を喚起することから始めている(§2)。そして、こう問いかけている。「道徳の系譜を探る学者たちは、はたして一度でも、夢のなかでもいいから、こう考えたことがあるだろうか。たとえば、〈過ち〉という道徳上の基本概念が[zum Beispiel jener moralische Hauptbegriff "Schuld"]、〈負債＝借り[Schulden]〉というまったくマテリアルな概念にその源を発しているのではないか、と」(§4)。これと同様な思考の動きのなかで、ニーチェは、老カントが考えた定言命法の残酷な性格[Grausamkeit]について、注意を喚起している(§6)。フロイトもまた、それほど遠くない地点にいる。すなわち『トーテムとタブー』におけるフロイトである。父の宗教と息子の宗教について、後悔というものの起源、モラル意識の起源について、供犠（サクリファイス）およびそれが想定している殺害について、種族の兄弟たちの法［la loi］の到来について（ということはつまり、民主制ということのある種の概念の到来について）、さまざまな考察を加えているフロイトのことである。

これらのテクストは既に基準となる古典であるが、そんな著作のあいだを自在に動き回りつつ、往来することが求められる。こうしたテクスト群における思索は、一見すると異なったタイプの思索のように思える。しかし、実はきわめて近いものである。そして、さらに言えば、今日の時代における次のような考察に、もっと近いのである。たとえば、エミール・バンヴェニスト（『インド・ヨーロッパ諸制度語彙集』第一巻、一六章「貸与、借金および負債」、前田耕作監訳、言叢社。*Le Vocabulaire des institutions indo-européennes* (I), Paris, Minuit, 1969, chapitre 16:《Prêt, emprunt et dette》）が行なっている考察である。あるいはまた、シャルル・マラムー（『生命の絆、死の結び目。中国、日本、インド世界における負債の諸表象』、邦訳なし。Charles Malamoud, *Lien de vie, nœud mortel. Les représentations de la dette en Chine, au Japon et dans le monde indien*, Editions de l'EHESS, Paris, 1988）の考察である。以下に二つの引用をするが、この引用は、私たちが辿るべき方向性を、たしかにもっと遠回しにではあるけれども、よりよく解き明かしてくれるだろう。ただし、ここでは、その方向を辿ることはできないのだが。最初の引用は、バンヴェニストのもの（同書、pp. 185-186. 邦訳、一七八―一七九ページ）であり、後者はマラムーのもの（同書、pp. 7, 8, 13, 14）である。もちろんこの二つの引用が、両者の著作のなかでさらに広範に展開されているのは言うまでもない。

1　バンヴェニストの引用。

ラテン語の dēbēo〈(義務を）負う〉の意味は、dē+habeō が合成してできたものと考えられる。アルカイックなラテン語の完了形がやはり dēhibuī（たとえばプラウトゥスにおいて）である以上、これが合成語である点に疑いの余地はない。では、debeo ははたしてどんな意味なのか。通常の解釈では、それは〈ある人から（その所有する）なにかを得ること〉と解されている。しかし、これはきわめて単純な、いやむしろあまりに単純すぎる解釈であって、すぐにも困難が生じてくる。たとえば、与格を支配する構成 debere aliquid alicui（ある人になにかを負う）を、どう説明すればよいのか。

ラテン語の debere は、一般に考えられているのとは異なり、〈負債を有する〉という意味での〈義務を負う〉を指す、本来的な表現ではない。〈負債〉を指し示す、技術的な、また法的な名称は、aes alienum である。これは、〈負債を持っている、負債を支払う、負債のせいで捕囚になっている〉などを意味している。〈負債を有する＝義務を負う〉という意味での debere は稀であり、単に派生的な用法にすぎない。

Debere の意味は、フランス語の devoir〈義務を負う〉によって翻訳されることもありうるけれども、もともと異なった意味である。なにかあるものを借りたのではなくても、なにかの〈義務を負う〉ことはありうる。たとえば、家賃を〈負う〉こと、家賃を払う〈義務を負う〉ことは、借りた金額を返済すること、復原することを意味するわけではない。Debeo は、その形態と構成からして、接頭辞 de に由来する価値、すなわち〈奪い取られた、取り上げられた〉という価値に応じて、解釈されねばならない。それゆえ、それは〈ある人から取り上げられた［de］なにかを保持する［habere］〉となる。

この字句通りの解釈は、実際の用法に照応している。Debeo が用いられるのは、どんな状況においてなのか。それは、ひとが、だれか他の人に属するなにか、ただひとがそれを保持しているなにか、文字通りの意味で借りたわけではないが保持しているなにかを与えなければならないような状況においてである。つまり、debere とは、他人の所有物＝財産から、あるいは他人の所有権から取り上げたなにかを、手元に留めていることなのである。たとえば、軍隊の司令官が、〈兵隊たちに給与を（支払う義務を）負っている〉という場合に、debere を用いる。また、〈ある町に、小麦を（供給する義務を）負っている〉といった場合にも用いられる。なぜ与える義務が生じるのかと言えば、それは、他人に属するものを保持しているということから生じるのである。だからこそdebeoは、古い時代において、〈負債〉を指す本来の語ではないのである。

逆に、〈負債〉と〈貸し〉、また〈借り〉とのあいだには密接な関係がある。ラテン語では、〈借り〉は、mutua pecuniaと言われる。Mutuam pecuniam soluereと言えば、〈借りを返す、負債を支払う〉という意味になる。形容詞のmutuusは、〈借り〉を特徴づける関係を定義している。この語の形成と語源ははっきりしている。動詞のmutoは、そういう専門的意味を持つことはなかったけれども、それがmutuusと関連していることはたしかである。さらにmunusという語を考えてみれば、この語はインド・ヨーロッパ諸語における大きな親族語群と関係するのがわかるのであり、それらの語群は、さまざまな接尾辞を持っているにしてもすべて、〈相互性＝互酬性〉の観念を告げている。形容詞のmutuusはそれが用いられる文脈に応じて、〈貸し〉も〈借り〉も指す。問題となるのはつねに、受け取った金額［pecunia］を、まさに同じだけ元に戻すことである。

〔2〕マラムーの引用。

さきほどわれわれが言及した近代ヨーロッパ諸語においては、一方で動詞のdevoirの諸形態（それが指し示すのが本来の意味での責務であれ、蓋然性としての責務であれ）と、他方で「負債を有する［être en dette］」ことを意味する諸形態とのあいだには、緊密な類縁関係がある。あるときには、この類縁関係は、次の事実に現れる。つまり、動詞devoirが、目的語なしで絶対的に用いられた場合にせよ、また必要なときには負債がなにに存しているのかを示す実名詞補語を伴って用いられた場合（「私は百フラン借りている」［je dois cent francs］）にせよ、「借りがある、負債を有する」と等価である、という事実である。さらにまたあるときは、この類縁関係は、detteという名詞そのものにおいて現れている。Detteは動詞のdevoirから派生した語であり、このことは、語源学の素養のない話者にとっても、多少とも気づかれている。Detteとは、dû（当然支払われるべきもの）である。つまり、debit（借方、債務）に記入されたものである。フランス語のdetteはラテン語のdebitum

を継承している。この語自身、dēbēre（devoir）の過去分詞であり、「負債」の意味で用いられる。

Dette においては、devoir（べきである、義務）と faute（過ち、落ち度、罪）とは結び合わされている。この結びつきは、ゲルマン諸語の歴史を見ると、明らかになる。ドイツ語の Schuld は、「負債」と「過ち、罪」の両方を意味する。また schuldig は、「罪ある」と「債務者である」の両方を意味している。しかるに、Schuld はゴート語の一つの形態である skuld から派生したものである。この語自身、動詞 skulan（「責務を持つ」、「負債を有する」）に結ばれている（この動詞は、『福音書』のなかで、ギリシア語の動詞 opheilō を翻訳する用語となっているが、そのギリシア語の動詞は、いま述べた二つの意味を持っている）。そしてまた、動詞 skulan は、「過ちを犯している、罪がある」という意味にもなる。さらに言えば、同じゲルマン語の語根である skal から（ただし、語頭音の扱われ方は異なっているけれども）、ドイツ語の動詞 sollen（べきである、〈する〉べきである）および英語の shall が派生している。後者は今日では未来の表現に特定されているが、英語のもっと古い段階では、devoir という意味を十全に備えていた。

こうしたタイプの語群は、数多くのインド・ヨーロッパ諸語において現れている。むろん、それら語群の密度が濃いかどうか、分節化の程度が高いかどうかは、それぞれであるにしても、現れているのはたしかである。ただ、それらの語群は必ずしも同じような形状をなしているわけではないので、各々の特殊な状況は細心の注意を払って研究しなければならないだろう。……

ジャクリーヌ・ピジョーが日本語について、またヴィヴィアーヌ・アルトンが中国語について行なった言語学的分析によれば、次の点が提示されている。もちろん、そこには諸々のニュアンスがあり、それらは欠くべからざるものであるのは言うまでもないが。すなわち、道徳的な負債の領域は物質的な負債の領域とは明確に区別されており、その両者いずれも、動詞 devoir（責務の意味合いを示す助動詞、あるいは蓋然性の意味合いを示す助動詞として用いられる devoir）に照応するような形態素には関係していない、という点である。日本語にも中国語にも、われわれがさきほど言及した諸言語において、とくに注目した語形に相当する形状は、認められない。サンスクリットにおいては、事情はまったく同じだというわけではない。たしかにサンスクリットには、動詞devoirに当たるものはなく、道徳的責務を指すいろいろな名詞と物質的負債を指す名詞とのあいだに、語源的な関係があるということもない。その代わり、負債は、ある一つの用語、つまり経済上の負債（そこには、利子を伴う、金銭の借用から生じる負債も含まれる）も指すし、道徳的負債も指す用語によって名づけられる。そしてバラモン教においては、そんな負債は、諸々の義務の原型として、また義務を説明する原理として提示されている。……

それにしても、créance（債権、信頼、信用）の観念は、これもまた多義性の運動において戯れていると言える。その証拠には、フランス語で、croyance（信仰）という語とcréanceという語が、もともと同じ一つの語であったこと、そしてドイツ語で、Glaubigerという語が、croyant（信者）とcréancier（債権者）の両方を意味する語であることに注意を喚起すれば充分であろう。しかし、faire crédit（信用で売る、掛売りする、信用する）という言い回しとcroire（信じる）という語とのあいだの関係は、思想史的に見た場合、devoir（べきである、義務）をêtre en dette（負債を有する）に結んでいる関係に較べれば、それほど多くの実りをもたらす関係ではない。……

バラモン教によれば、人間は「負債として」en tant que detteこの世に生まれるのであり、この負債は人間の〈死すべき者〉という条件の印璽となっている。けれども、このことは、人間の本性が原罪によって規定されているという意味ではない。サンスクリットのr̥ṇa（負債）は、ときにfaute（過ち、落ち度、罪）に近い意味合いをおびることがあるので、十九世紀のドイツの文献学者たちは、おそらくSchuldという語の両義性、すなわち「負債、義務」と「過ち、罪」という両義性に影響されて、ある語源説を示唆した。つまり、r̥ṇaという語を、ラテン語のreus（咎められている、被告、罪人）と同じインド・ヨーロッパ語の語根から派生したものであると、説明しようとしたのだ。この語源説はまちがっている。また同様に、根本的負債と原罪とのあいだにはある類似性があるように見えるが、しかしそれは欺くものである。負債はなんらかの〈堕落〉chute の徴しではないし、帰結でもない。負債はそもそも、なにであれなにかの出来事の徴しでも帰結でもないのだ。負債はある契約の結果生じるものではない。そうではなく、一挙に人間を、débiteur（債務者、借りを負う者）という条件、地位［statut］にすえてしまうのである。こういう地位自体は、一連の義務や部分的負債のなかに具体化し、また多様化して示される。ヒンドゥーの諸法典においては、これら一連の義務や部分的負債が挙げられているが、そうすることで、物質的負債の体制を組織し、まとめる実定法の諸規則を正当化しようとしている。……

　負債とはいわば「天と地との結びつきであり、天と地がつながり合う集成」なのだが、そんな負債の最も具体的な例、もしくは最良と言ってもよい例証は、Hou Ching-lang によって提示されている。彼が見事に示しているところによると、人間は〈天上の財務局〉に向けて、真のサクリファイスという贋金を支払うことで、自らの運命を買うのである。

☆4――**cap**（岬、頭、首部、長、船首）、**capital**（重大なもの、主要なもの、元金、資本、資産）、**capitale**（首都、大文字）、**front**［この語の二つの意味において。つまり、一方で、たとえば軍事上の前線とか、あるいは **affrontement**（対峙すること）や **confrontation**（対決すること）における **faire front**（向き合う、立ち向かう）という意味。そして他方で、顔の突き出した部分、額、おでこ、**forehead** という意味において］、**frontal**（額の、前頭部の、正面の）、**frontière**（国境、境界）。これらのタームの持つ〈問題系〉については、またそれらの意味論上の布置については、とりわけ次の書物を参照されたい。*L'autre cap, suivi de La Démocratie ajournée*, Paris, Minuit, 1991〔邦訳『他の岬――記憶、応答、責任。日延べされた民主主義』、高橋・鵜飼訳、みすず書房〕。さらに、jetée（突堤、投げられたもの）という形象については、次の二点を参照のこと。*Forcener le subjectile, étude pour les dessins et portraits d'Antonin Artaud*, Paris, Gallimard, 1986〔邦訳『基底材を猛り狂わせる――アルトーのデッサンと肖像』、松浦寿輝訳、みすず書房)。《Some Statements and Truisms》dans D. Carroll (ed.), *The States of Theory*》, New York, Colombia University Press, 1990.

☆5――子供(青少年)は問題[problème]である。いつもそうである。そして問題は、つねに子供時代[enfance]である。ここでなすべきことは、問題と神秘(秘密、難問)[mystère]とのあいだで、区別をはっきりつけるということではない。ガブリエル・マルセルの伝統に従いつつ、かつては私たち自身、そうしたこともあるけれども。むしろここでは、神秘とは、子供に特有の、ある種の問題提起的なところに起因している。後で、私たちはおそらく、秘密＝密かなもの[secret]というものを、神秘からも問題からも区別しようと試みることになろう。ソポクレスの悲劇『ピロクテテス』において、主人公のピロクテテスは、プロブレマという語を用いるのだが、その際、さきほど述べたような代補的な用法をしている。すなわち、代理＝代わり[substitut]、代行者[suppléant]、(義足のような)代行器官[prothèse]、ひとが自分の前に押し出すもの(者)、それのおかげで身を隠し、防御するもの(者)、他者の代わりに――あるいは、他者の名において――来るもの(者)である。つまり、委ねられ、代行された責任、もしくは遠回しの責任である。トロイア遠征の途中、島で蛇に足を噛まれ、その毒のため身体が化膿し、臭気を発するようになったピロクテテスは、ギリシア軍に見放され、ひとりで置き去りにされる。それでもピロクテテスは英雄ヘラクレスから遺贈された弓の秘密を手にしているのだが、その無敵の弓を、一時のあいだ奪われることになる。ギリシアの人々は、トロイアを陥落させるために、無敵な弓とその秘密が必要なのである。オデュッセウスはいつものように斜めから行動し、けっして正面から立ち向かうことなく、いろいろな回り道をたどり、計略をめぐらせた後で、〔自分の代わりに派遣したネオプトレモスに〕弓を奪い取り、ピロクテテスを船に連れていくよう命じる。ピロクテテスは抗議し、弾劾し、またわが身を嘆く。彼は供犠の捧げものを目前にして驚き、もう青年(子供)を認めず、そして自分の両手を嘆き悲しむ。

「おお　わが手よ[O kheîres]! なんという仕打ちだ! 最愛の弓を奪われ、こんな男の獲物にされてしまった。おまえの心にはなんの誠実も高潔さもないのか、よくもまたおれを騙したな。この見知らぬ青年に代わりの役を務めさせ、その後ろに隠れて（……labôn problema sautou paidia……）、よくもおれを罠にかけたな！　見ろ、この子の様子を。おまえなどに少しも似ていず、おれに似ている人間だ。……

「おまえはむかし、おれをただひとり、友もなく祖国もなく、孤独なまま、生ける屍同然に、この島に捨てていった。そのくせ今度は、こうして無理やり、おれを連れていくつもりだな」。……

「おまえたちにとっては、おれはとうに死んだ人間ではなかったのか。神に呪われた奴め！　いまではおれは不具な者ではないのか、臭くてたまらぬ者ではないのか？　もしおれが船に乗っても、供犠の火が燃えるようになったのか、お神酒を灌《そそ》ぐ儀式ができるようになったのか？　そういう口実で、十年前、おまえたちはおれを船から引きずり降ろしたのではなかったのか！」（pp. 1008-1035; tr. P. Mazon et J. Irigoin, éd. G. Budé）

☆6――――この点に関しては、『弔鐘』のなかで提示された扱い方、すなわち秘密と、狭窄構造［stricture］と、受難＝受苦［Passion］と、聖体の秘蹟［Eucharistie］とを結んで論じる扱い方を参照されたい（*Glas*, Paris, Galilée, 1974, p. 60 et suiv.）。

☆7――――「遠回しの＝斜めからの」という語を、私はずっと以前からよく用いてきた。使い過ぎたと言ってもよい。どこで、どんな文脈で用いたのか、もう思い出せないほどである。『余白』*Marges* のなかで用いたのは、確実だ（「鼓室」*Tympan* においては、《loxos》について語っている。「知られているとおり、鼓室の薄く、透明な仕切りである鼓膜は、外耳導管を中耳＝鼓室から隔てる膜であるが、斜めに［loxos］張られている」）。そして、いずれにせよ、『弔鐘』においても用いている。最近では、『法の力』のなかで、強調している（*Force de loi: le*《*Fondement mystique de l'autorité*》, publication bilingue dans《Deconstruction and the Possibility of Justice》, *Cardozo Law Review*, New York, 11(5-6), juillet-août, 1990, pp. 928, 934, 944-947, et passim. Traduction anglaise reprise dans D. Cornell, M. Rosenfeld, D. Gray Carlson (eds), *Deconstruction and the Possibility of*

Justice, New York, Londres, Routeledge, 1992).〔のちに『法の力』は、少し加筆修正され、フランスでも出版された（Galilée, 1994)。邦訳（堅田研一訳、法政大学出版局）がある。〕また、『法から哲学へ〔哲学への権利〕』*Du droit à la philosophie*, Paris, Galilée, 1990, notamment pp. 71 et suiv. においても、そうである。クリナメンの斜めに傾く方向性については、次の論考を参照されたい。《Mes chances: au rendez-vous de quelques stéréophonies épicuriennes》, *Confrontation*, Paris, printemps 1988.

☆8――――デーヴィッド・ウッドに許可を求めなくても、私の考えでは、彼が一九九一年五月二十八日に私に送ってくれた手紙のある部分を引用しなければならないと思う。本書で展開される論理およびその語彙が、どの程度まで彼の手紙（そしてまた、それに添付されていた『オックスフォード英語辞典』の《oblique》という項目）によってあらかじめ方向づけられているのかということは、読者が判断してくれるだろう。

おそらく私は既に、以前彼と交わした会話のなかで、この《oblique》という語をまた使ったのであろう。それゆえデーヴィッド・ウッドはこのようにその語に参照していると思われる。したがって、この共同著作という「セレモニー」の過程で、彼の手紙の一節は、当然分かち持たれるべきものである。デーヴィッドはあえて、「パッション」に言及している。また他方では、あえて称讃と殺害とを、つまり誉めそやすこと［encenser］と葬り去ること［enterrer］、*to praise*と*to burry*とを区別している。「区別する」のは、おそらく「あるいは……あるいはaut...aut」という言い方、「もしくはvel」という言い方に結びつけるためである。そしてもしかしたら、シェイクスピアに、またマルクス・アントニウスの亡霊に、もう一度発言させるためかもしれない。（ウッドはこの著作についてこう書いている。「これを回送するのは、デリダを誉めそやすためではないし、葬り去るためでもない。そうではなく……」。「そうではなく」、なになのか?　精確なところは。）

以下に掲げるのは、一九九一年五月二十八日付けの手紙の一部である。そしてまた、その「パッションの萌芽［germ of a passion］」である。

親愛なるジャック。ごらんのように、私は「斜めからの捧げもの」というフレーズを使うことによって、あなたの言葉を額面通りにとっています（そして、私の言葉もそうしています）が、この言い回しこそ、この著作に参加するための唯一の適切な方法であることを、きっとあなたもお認めになるでしょう。ただ、この本は既に充分すぎるほどに斜めからの捧げものを集めているのですから、そのなかでも最も斜めからの一篇というのは、逆説的にも最も垂直で、伝統的な自己批判となったり、あるいは告白になったり、読者に向けての腹蔵なき打明け話になったりしたとしても、たぶんなんら意外なところはないでしょう。そういう例としては、キルケゴールの『哲学的断片への結びとしての非学問的あとがき』があります。つまり、その末尾には、「最初にして最後の表明」がこう記されています。「形式上、かつまた規則正しさを考慮に入れて、私はここで、自らがこの著作の、いわゆる著者であることを認める（実のところ、それを知ることに興味のある人は、ほとんどだれもいないのだが）。」……このことが示唆しているのは、そしてまたあなたが私たちに捧げてくれたテクストを差し挟むことを主題化した、その全行程が示唆しているのは、なにかと言うと、それは、斜めからの参加という問題は単に問題であるだけではなく、ある刺激であり、パッションの萌芽でもあるということなのです。もしまだ英語で公表されていない、あなたのなにかの論考が、この著作のなかで適切な仕方で機能する、ということになれば、私としてはやはりとてもうれしい（?）のは、言うまでもありません。どんなやり方で機能するのかと言えば、まず「批評」という概念そのものの問い直し（あるいは革新）としてであり、この共同著作の、想定されている主題（つまり「デリダ」）を移し変えるなにかとしてであり、さらには、「デリダについて書く」と言うときの、その「について」を揺り動かすようななにかとしてなのです。

この手紙のなかで、キルケゴールへの言及、参照があるのだが、それは本書にとってきわめて重要である。キルケゴールは、イエス・キリストの（あるいはまたソクラテスの）まねびを語る偉大な思想家、そしてまた、パッション（受難＝受苦＝情念）の、証言の、秘密の偉大な思想家であるからである。

☆9――このフランス語《intraitable》は、ほかの所でもしばしば用いざるをえなかった語であるが、おそらく翻訳しにくい言葉である。簡潔に言うと、この語は同時に次のことを意味する。（1）traiter〔扱う〕ことの困難なもの、扱われるままにはならないもの（それは不可能なもの、あるいはアクセスしえないものである。つまり、ひとはそれを主題化しえないだろう、もしくは定式化しえないだろう。扱えないだろう）。（2）きわめて厳格な命令の力を持つもの、断固たる法則性を持つものであって、その厳格さ、法は、たわめられることがなく、犠牲を求められても微動だにしないものである。たとえば、定言命法の厳しさや義務の厳しさを前にしても、身じろぎしないものである。ということはつまり、この《intraitable》という語自身が《intraitable》である（たとえば、翻訳不可能である）、ということである。そして、だからこそ私は、その語をどうしても用いないわけにはいかなかったと、言ったのである。

☆10――このようなパラドックス、つまりアポリアをなす逆説にとって、別の題目がある。それはつまり、ミメシス［la mimesis］、ミミック［la mimique］（身振り、物まね、パントマイム）、模倣＝模擬［l'imitation］である。道徳的であること、決断すること、責任を持つこと、等々は、ひとが規範なしに行為することを、そしてそれゆえ模範＝例＝手本［exemple］なしにふるまうことを想定している。すなわち、ひとがけっして模倣しない、ということを前提にしているのである。モラルにおいては、まねること、儀式（儀式的習わし）などは、また範例に同一化する順応性などは、いかなる場も持たない、とされる。

　しかし、単に法則を尊敬することでも、また他者を尊重することでもそうなのであるが、第一の義務とはあの反復性［itérabilité］を受け入れる、ということではないだろうか。つまり、イディオマティックな秘密〔ある一つの特有な語法によってしか言えないような秘密〕というものの、純粋な特異性、翻訳不能性を汚染してしまう、あの反復による同一性の確定を受け入れる、ということではないか。カントがこうした論理に取り組みながら、「受難［passion］」という範例を引用しているのは、偶然だろうか。もっともカントは、いわば逆の範例として、それを挙げているのだけれども。つまりカントはイエス・キリストの犠牲的な受難という範例を挙げているのだが、それも、こうしてはならないことの例、すなわち範例として与えられるのはよくないことの最も良い例として、それを引用しているのである。というのもカントの眼から見れば、〈神〉のみが、つまりありうる最良の、かつ唯一の範例である神のみが、不可視の仕方で、密かな［secret］ままにとどまるのである。そして神は自分自身で、その自らの範例としての価値を、モラル的理性の試練にかけるべきなのである。ということはつまり、ある純粋な法則、その概念がどんな範例にも服従していない法則の試練にかけるべきなのである。

『人倫の形而上学の基礎づけ』には、次のように自殺を批判し、断罪する見解がある。「自らの生命を保つことは、一つの義務である［sein Leben zu erhalten, ist Pflicht］（section 1, éd. de Gruyter, Bd. IV, p. 397）――それが要するに、応答であろう。すなわち、だれであれ、あなたを自殺へと、あるいはあなた自身の生命を犠牲にすることへと、直接的にせよ間接的にせよ誘う者があれば、その者に対してあなたが応えうることであろう。」〔ところで、次の一節は、前述の見解を間近にたどっているのであるが、この一節の背後には、「マルコ福音書、一〇章、一七節」、「ルカ福音書、一八章、一八節」への参照が認められる。〕「もし道徳性をいろいろな範例から［von Beispielen］派生させようと望むならば、それは道徳性に対して、これ以上ないというほどの悪しきわざをなすことになるだろう。なぜなら、いま私に対して道徳性の範例が提出されたとすると、それがどんな範例であろうと、はたしてその範例が原初の範例としての役割、つまり範型としての役割をつとめるのにふさわしいかどうかを知るためには［ob es auch würdig sei, zum ursprünglichen Beispiele, d. i. zum Muster, zu dienen］、そのように提出された範例それ自身が、道徳性の諸原則に応じて前もって判断されねばならないからである。けっしてその提出された範例は、まず最初として、道徳性の概念を提供する（贈り与える［an die Hand zu geben］）ことはありえない。『福音書』の聖なる者でさえも、われわれがその人をそういう聖なる者として認める以前に、まずわれわれの理想、道徳上の完全性の理想と比較されねばならない。それゆえ、彼（イエス）自身、こう言うのである。――なぜ私のことを善いと言うのか。〔あなたがその眼で見ている〕この私のことを。神以外に、〔あなたが見ることのない〕神以外に、善い方はだれもいない〔善の原型［das Urbild des Guten］はいない〕。――しかしながら、われわれはいったいどこから最高善としての神の概念を手にしているのだろうか。それはひとえに、理性がア・プリオリに投影するイデー（理念）、すなわち道徳上の完全性というイデーから発してのみである。そして理性は、そのイデーを、一つの自由意志の概念に分かちがたく結びつける。モラルにおいては、模倣することはいかなる場も持っていない。いろいろな範例は、勇気づけることにしか役立たない。つまり、法則が命じるところを執行する可能性が疑惑にさらされないよう免れさせることにしか役立たない。実践的規範がもっと一般的な仕方で表していることが、それらの範例のおかげで、直観の下に把捉される。だがしかし、それらの範例は、その真のオリジナル、すなわち理性のうちに住むオリジナルを脇にのけてしまうようなことをけっして許さない。また、それら範例自身に基づき、手本とするようなことをけっして許さないのである」（pp. 408-409; trad. française, pp. 77-78）。さらに、別の個所では、道徳性の命法［Imperativ der Sittlichkeit］について、こう書かれている。「ただここで、次の点を、けっして視野から見失うべきではない。つまり、道徳性の命法があるのかどうか［ob es gebe］決定するのが当然であるにしても、それはいかなる範例によってでもない［durch kein Beispiel］ということである。そして、それゆえ、経験論的な仕方によってではない、ということである」（p. 419, trad. française, p. 92）。この命題は、それが徹底的な性格を持つがゆえに、きわめて重大である。どんな経験も、こういう命法が「あること」を、私たちに保証できない。それゆえ、神自身も、範例の役割を務めることはできない。そして最高善としての神の概念は、理性の一つのイデーなのである。ただ、それにしてもやはりたしかなのは、イエス・キリストの言述（ディスクール）と行動［action］（受難［passion］という行動）がみごとに範例的なやり方で、特異な仕方で、まさにこの上ない様態で、範例というものの不充分さを告げている、さらには神の不可視性という秘密、そして理性の主権性を告げている、ということである。そしてまた、あらゆる有限な存在にとって、つまり感性的な存在にとって、さらにはすべての直観的な特異性にとって、勇気づけ、激励、勧め、教え［Aufmunterung］などが不可欠であるということも、やはり変わりないことである。範例というものは、眼に視えないものの唯一の可視性なのである。理性の外部に、具体的に図示できるような立法者などはいない。言い換えれば、ただ立法者の「形象」しかない、ということである。つまり、本来的な意味での立法者はけっしていない、とりわけ犠牲に捧げるべき立法者（モーゼ、イエス・キリスト、等々）はけっしていない、ということである。だがしかし、これらの「形象」をなしですませることは、いかなる有限な存在にもできないだろう。また、ミメシス一般をなしですませることも、反復性［itérabilité］が汚染してしまうもの一切をなしですませることも、できないだろう。そして受難［passion］はつねに、範例に属しているのである。

密かに［ingeheim］作用している動機というものに関しては、すなわち義務、犠牲、範例、尊敬に関しては、言うまでもないが、とくに『実践理性批判』の第三章（「純粋実践理性の動機について」）を参照しなければならない。

☆11――― Geheimnis（密かさ、秘密）、geheim（密かな、秘密の）。カントが諸々の密かな動機の背後にまで［hinter die geheimen Triebfedern］深く入り込んでいく必要性を語っているのは、義務についてである。つまり、この上なく大きな、かつ最も道徳的な犠牲（サクリファイス）の背後に、自分への愛＝己惚れという密かな衝動がないかどうか［kein geheimer Antrieb der Selbstliebe］を見る必要性をしばしば喚起するのは、まさしく義務ということについてなのである。そんな大きな道徳的犠牲を、ひとは本来的な意味で「義務から発して［Aus Pflicht］」、「純粋な義務から発して［Aus reiner Pflicht］」はたしていると信じているけれども、ことによるとただ「義務に順応して［Pflichtmässig］」という形でのみはたしているのかもしれないという点をよく見る必要性である。いま述べた区別は、カントの眼から見れば、精神〔Geist〕と文字〔Buchstabe〕とを対比する区別、あるいはまた道徳的な立法性〔Gesetzmässigkeit〕と合法性〔Legalität〕とを対比する区別に匹敵している（やはり、『実践理性批判』第三章の冒頭を参照されたい）。しかしながら、そのときカントも認めているように、もし次のことは「絶対に不可能である」とすれば、どうだろうか。つまり、そういう秘密が潜んでいる疑いを還元してしまうことができるケースがありうるとしても、この世の中で「たった一つのケースであろうと、経験によって、まったくの確信を込めて、そうしたケースを確定することは絶対に不可能である」とすれば、どうか。それはすなわち、「義務から発して」ということと、「義務に順応して」ということを区別できるようにするものを確立することが不可能であるということなのだが、そうだとすれば、どうだろうか。そのとき、秘密がなんらかの解読に委ねられることを期待してもむりだろう。たとえその解読が無限なものであろうと、なにかの解読に委ねられることはないだろう。「義務に順応して」ということと、「義務から発して」ということがどうしても混ざり合い、お互いに染め合っている状態を、厳密な仕方で解消し、混交を整理し、区別することは、期待しようがないだろう。一方（「義務に順応して」）を構成するミメシスと、他方（「義務から発して」）を構成する非ミメシスは、截然とは区切られないのであり、ミメシスということに伴う反復性の原理によってつねに一方が他方へと関係づけられている。そうしたミメシスと最終的に決別することは、できないだろう。また同じように非義務と義務とをつねに関係づけるミメシス、非負債と負債とを、非責任と責任とを、非応答と応答とをつねに関係づけるミメシスというものと決別してしまうわけにはいかないであろう。そのように混交し、汚染した状態を解消し、区別することが不可能であるという理由は、あるなんらかの現象的な、もしくは経験論的なリミットのせいではない。たしかにそういうリミットは消しがたいものとしてあるにしても。そうではなく、まさしくそういうリミットは経験論的なものではないから、そうなのである。実際、そうしたリミットの可能性は、「純粋な義務から発して」ということの可能性に、構造的に結びつけられているのである。いま仮にシミュラークル（模擬、擬態）の可能性、および外部的反復の可能性を廃棄してみるとしよう。すると、法そのもの、義務そのものの可能性が失われることになる。つまり、それらの再帰［recurrence］の可能性が廃棄されることになるだろう。義務の純粋性には、すなわちその反復性には、原理的に非純粋性が内属しているのである。そこにこそ、あらゆる可能な対比を嘲弄しつつ、秘密［le secret］があるだろう。パッションの秘密、秘密へのパッション。こうした秘密を、カントならば「パトローギッシュな」感性の次元に閉じ込めておくように望むだろうが、そんなことをできるものはなにもないだろうし、どんな犠牲（サクリファイス）であろうと、こういう秘密に対してその正しい意味を与えることはないだろう。なぜならそれはそんな意味を持ってはいないからである。

☆12———別の著作のなかで、私はこういう秘密を「明示すること＝明示を覆すこと dé-monstration」を試みている。それは、ボードレールの散文詩「贋金」についてである（*Donner le temps. 1. La fausse monnaie*, Paris, Galilée, 1991.）。文学の範例的な秘密に関しては、最後に次のような註記をすることを認めていただきたい。文学というなにものかは、私がなにかあるもの［quelque chose］について語るとき、私があるもの［quelque chose］について語る（事象そのものについて、対自としての、この事象について［de la chose même, celle-ci, pour elle-même］語る）のかどうか、あるいは私は一つの範例を与えているのか、あるものの範例［un exemple de quelque chose］を与えているのかどうか、決定することが不可能となるようなときに、始まっているだろう。あるいはまた、私があるものについて語ることができるという事実の範例を与えているのか、あるものについて語る私の様式の範例を与えているのか、あるもの一般について語る可能性一般の範例を与えているのか、あるいはさらに、そういう言葉を書く可能性一般の範例を与えているのかどうか、決定するのが不可能となるようなときに、始まっているだろう。たとえば、私が「私」と言い、一人称で書くとしよう。もしくは、いわゆる「自伝的な」テクストを書くとしよう。そのとき、もし私が、自分は「自伝的な」テクストを書くのではない、そうではなく自伝についてのテクストを書くのだ、まさにこのテクストはその一つの範例なのだと断言するとしたら（あるいは、はっきりとそう主題化はしないが、修辞学で言う省略法によって、そう言外に匂わせたとしたら）、その場合、だれも真剣なやり方で私に反駁することはできないだろう。もし私が、自分は私について書くのではない、そうではなく「私」について書くのだ、あるなんらかの私について書くのだ、あるいは私一般について、一つの範例を提出しながら書くのだ――私は一つの範例にほかならない、もしくは私は範例的なのだ、と言うとすれば（あるいは、言外に主張するとすれば）、そのとき、だれも真剣なやり方で私に反駁することはできないだろう。私はあるもの［quelque chose］（「私」）について語る。それは、あるもの（一つの「私」）の範例［un exemple de quelque chose (un《moi》)］を与えるためである。あるいは、あるものについて語るだれかある人の範例を与えるためである。そして私は、範例の範例を与えるのである。

あるもの［quelque chose］について語ることに関して、私がいま述べたことは、言葉《パロール》を待ちうけているわけではない。つまり、言述的に言い表すことや、それを書き移すことを待って初めてそう言えるというわけではない。そうではなく、そのことは既に、あらゆる痕跡一般にあてはまる。いわゆる言葉以前の痕跡、たとえばある黙したままの指呼、身振り、動物の仕種などにもあてはまる。なぜなら、もし私と「私」とのあいだに分離があるとすれば、つまり私へ参照することと、一つの「私」への参照、すなわち自らの私［mon moi］という範例に基づく、一つの「私」への参照とのあいだに分離があるとすれば、この分離は一種の語用論的な差異にとどまるのであり、けっして本来的な意味での言語学的な差異、言述（ディスクール）上の差異ではないから。（ただ、こういう分離は、「用いること［use］」と「述べること［mention］」とのあいだの差異に似ているということはありうる。）いま指摘した分離は、必ずしも語たちのなかに［dans les mots］マークされる必要はない。同じ語たち（＝文章）、同じ文法が二つの機能に応答することができる。同時に、あるいは継起的に応答できる。イロニーとか、それに似たものがテーマ化される必要がないのと同様に、この二つの機能の、もしくは二つの価値のあいだの差異は、テーマ化される必要はない（ときには、むしろテーマ化されてはならない。そして、それが秘密［secret］である）。こういう差異は、執拗に説明される必要はないし、引用符のようなもの（見える引用符にせよ、見えない引用符にせよ）によって、あるいは他の非言語的な指標によって、マークされる必要もない。いついかなるときも文学は、簡潔に節約する仕方、省略法による仕方、イロニーによる仕方によって、そうしたマークたちを、またマークがないことを活用することができる。そしてそれゆえ、文学が言うこと、なすことの範例性を活用することができるのである。だからこそ文学を読むということは、まったく同時に終わりのない解釈であり、際限のない享受、フラストレーションとなる。文学はつねに、自分がなすこと以上のものを言わんとし、教えよう、贈与しようとする。いずれにせよ、自分自身とは別の他のものを言い、教え、与えようとする。だが、前にも言ったように、こういうことにおいて文学は、ただ次のことの範例となるだけである。つまり痕跡的なもの［de la trace］があるたびに、どこであれ至るところに起こることの範例となるだけである。痕跡的なものと言ったけれども、あるいは恩寵的なもの［de la grâce］と言うこともありうる。すなわち、無［rien］があるのではなくむしろあるもの［quelque chose］があるたびに、至るところで起こること、「がある」［es gibt］たびに、そしてけっして元に戻ることなく、理由もなく、無償なままに「それは与える」［es gibt］たびごとに、またもし、そのとき、あるものがあるのならば［s'il y a ce qu'il y a alors］、つまりは証言があるならば、至るところで起こることの範例となるだけである。そしてそれは、狭い意味でのどんなスピーチ・アクトよりも以前に、そうなるのだ。この「狭い意味」は、しかも範例性の構造によってつねに拡大される。こうした決定不能性、あるいはこうしたアポリアから発してこそ、またそれらを通じてこそ、ひとは証言の可能性、その厳密な意味における可能性にアクセスできるチャンスを持つ。もしそれがあるならば、の話しだが。つまり、証言の問題系に、証言の経験にアクセスするチャンスを持つのである。

　私はつねに私について語ることなしに私について語る。だからこそ、晩餐のテーブルに着いて語る会食者、あるいはテーブルにひしめく会食者の数が何人であるのかと計算することはできないのである。彼らは十二人なのか、十三人なのか、なおそれ以上なのか以下なのか。各々は無限に倍加することができるのである。

この註は最後の註であり、最初のほうのいくつかの註に関するものであって、それらに応答しうるかもしれないから、次の点を付言するのを認めていただきたい。こうした範例性の構造のせいで、各人はこう言うことができる。すなわち、私はなにも「儀式ばらずに」私について語る。秘密はまったく手つかずのままである。私の礼儀正しさにはなんの傷もついていない。私の慎みは元通りであり、私はかつてないほど控え目にふるまおうとしている。私は応えることなしに応えている（招待に、私の名に、「私」と言う語［mot］あるいは呼びかけ［appel］に）。あなた（がた）にはけっしてわからないだろう。私が私について、この私について語るのか、それともある別の私について語るのか、あるなんらかの私についてなのか、それとも私一般についてなのか、きみ［toi］について語るのか、あなた（がた）についてなのか、彼らについて、彼女たちについて語るのか、私たちについて語るのか。あなた（がた）にはけっしてわからないだろう。これらの言表［énoncés］が哲学の管轄に入るのか、文学の、歴史の、法の管轄に入るのか、それともなにかまったく別の、同定しうる制度の管轄に入るのか。それらの制度がいつか一度なりと同化可能であると言うのではない（そのことは、もう充分に言われたし、だれもそれに反駁できないだろう）。だがしかし、それらの制度が同意している諸々の区別はどういうときに厳密になり、信が置けるもの、社会的な規約によって定まったもの、安定したものになるのだろうか。むろん、ある膨大な歴史の経過にともなってなのだが、どんなときにそうなるのか。それは、いわば乱流の入り交じるような状態［turbulence］を統御するため、乱流を秩序づけ、停止させるためである。決定できる［pouvoir décider］ためであり、もっと端的に言えば、できる〔権力を持つ〕［pouvoir］ためである。文学は（他にもまして、とりわけ）こういうことの「範例」となっている。こういうことのために、「範例」となっている。文学はつねに他のもの［autre chose］であり、他のものを語り、他のものをなす。自分とは別の他のものを。そもそも自分自身が、それにほかならない、すなわち自分自身とは別の他のものにほかならない。たとえば［par exemple〕、あるいはまさしく〔par excellence〕、哲学をなすのである。

訳注

★1――デリダも〔註の前に〕で書いているように《Reader》とは英・米の伝統にある『リーダー、読本』のことであるが、ここでは《reader》を文字通りの意に解して「読者」の意味で用いている。

★2――krinein はギリシア語で、「区別する、はっきりと判定する」などの意である。この語の派生形 kritikos から俗ラテン語 criticus が生じ、そこからフランス語の critique（批判、批評、批評家、批判的な、危機的な、危急の、運命を決する）に至ったと考えられる。

★3――基本的に言えば、心的な生は、ある限度を超えた刺激・興奮による緊張を〈不快〉と感じ、ただちにそれを避け、解消しようとする。それがうまくいくと〈快〉と感じられる。しかし（とりわけ内因性の興奮に伴う）一種の緊張は、ある程度までは〈快〉と感じられることがありうるし、〈快〉へと促進するものでありうる。フロイトはそれを「前触れの快楽」と呼んでいる。

★4――『人倫の形而上学の基礎づけ』および『実践理性批判』において、カントは単に「義務に従って（義務に順応して）」行為することと、純粋に「義務から発して」行為することを厳密に区別しようとしている。たとえば『実践理性批判』第一部、第一篇、第三章「純粋実践理性の動機について」には、次のような一節がある。「義務の概念は、客観的に見ればそう行為することが法則と合致していることを求めており、同時に主観的に見ればそう行為するよう定める格律が法則への尊敬となること、つまりこの法則によって意志が規定される唯一の様式としての法則への尊敬となることを求めている。そしてまさにそこにこそ、「義務に従って」行為したという意識と「義務から発して」行為したという意識、すなわち法則への尊敬によって行為したという意識とのあいだの差異がある。前者（適法性＝合法性）は、単に諸々の傾向が意志を規定する原理になっているときでも可能である。それに対し、後者のふるまい方〔道徳性〕は、すなわちモラル的価値を持つということは、その行為がもっぱら義務から発してのみ行われるということ、法則を目指してのみ起こるということに存する」〔波多野・宮本・篠田訳、岩波文庫。翻訳の文脈に合わせるために少し変更している〕。また第三章の冒頭では、ある行為がモラル的価値を持つということにおいて本質的なのはなにかと問い、それはモラル法則が直接的に意志を規定することだと言う。ある行為をなすよう意志を規定することが「モラル法則に従って」起こるとしても、もしなにか感情的なものを介してそうなのだとすれば、どうだろうか。つまりどんな種類の感情にせよ、モラル法則が充分に意志を規定する原理となるためにそれが前提とされなければならない感情に促されて、そう行為するのだとすればどうか。そのとき行為はたしかに合法的であり、適法性は持っているけれども、道徳性は持っていない。真にモラル的な行為は、それゆえその意志規定が「法則を目指してのみ」起こるのでなければならない。「モラル法則に適っているどんな行為であっても、それが法則を目指して生じたものでなければ、それは文字の上では道徳的善であるが、しかし精神から言えば善ではないと言ってよい」〔同訳書〕。

★5——この言い回しを強いて字句通りに訳すとすれば、「そこへ行くのに四つの道を通らないようにしよう」という意味である。

★6——Problème〔問題、懸案、不可解な事柄、問題の種〕という語は、ギリシア語のplóblēmaおよびラテン語のproblēmaに由来する。plóblēmaはおそらくpro〔前に、前方へ向けて〕とbállein〔投げる〕から生じた動詞probállein〔前に投げる、問いを出す〕から派生した名詞である。

★7——《testis》はラテン語で「証人」を意味する。《terstis》はおそらく古代イタリア諸語における語形である。「三」を意味する接頭辞terと、「立つ」を意味する動詞stareの変化形から成り立っており、「第三者としてその場にいた者」という意味になると思われる。

★8——『実践理性批判』によれば、モラル法則は、「理性を備えた存在」である限り、いつでもどこでもどんな存在者にも妥当する普遍的かつ必然的な実践上の根本法則、原理である。しかし人間は英知的でもあるが、また感性的でもあり、いつもさまざまな感情、情念を抱き、傾向や性向に引きずられ、欲求や願望（の対象）に依存しやすい。それゆえ利己心、己惚れ、傲慢、思い上がり、すなわち〈自分への愛〉を免れない。自分への愛はなくてはならない面もあることをカントは認める。しかし過度の自愛や思い上がりは、モラル法則によって砕かれる。「われわれの判断において、思い上がりであるなにかを打ち砕くものは、われわれをへりくだらせる。」モラル法則は、どんな人間であれ、自分の性質の感性的傾向をこの法則と較べる者に恥辱感を抱かせ、不可避的にその人間をへりくだらせる。それだけではなく、私たちがその観念を表象すると私たちをへりくだらせるものは、私たちの「尊敬の念」を刺激する。モラル法則はまずひとを「へりくだらせる」ので、不快、苦痛の感情のように思えるが、しかし単にネガティブな効果だけではなく、ポジティブな尊敬の念も生み出す。それゆえ、法則は尊敬の「原因」でもあり、また対象にもなる。

　こういうポジティブな感情は、カントの考えではア・プリオリに知られるのであり、経験的なオリジンによるのではない。やがてカントはそれをモラル的な感情（道徳感情）と呼ぶ。モラル法則への尊敬は、「可知性の原因によって生み出された感情」であり、私たちがア・プリオリに認識する唯一の感情、その必然性に気づく唯一の感情である。こうした道徳感情は、たしかに感情ではあっても、その由来がもっぱら理性の実践的な効果として、「可知性の原因によって」のみ生み出された感情であるに応じて、少しも「パトローギッシュな」面を持たないとされる。

★9――《pathologish》は、通常のドイツ語では「（精神的に）異常な、病的な、病理学の」という意味であるが、カントは独自の用法をしており、pati からそのまま下ってくる意味合いに用いている。古典ラテン語 pati〔被《こうむ》る、苦しむ、耐える〕から後期ラテン語 passio, passionis が生まれ、そこから passion の意味合い〔被ること、苦しむこと、耐えること、激情、情念、情熱〕が生じてきたと思われる。「パトローギッシュな」とは、説明的に訳すと「感性的動因による」（『実践理性批判』、岩波文庫、波多野・宮本・篠田訳）と言えるだろうが、諸々の傾向や性向、衝動、欲求や願望（の対象）などに動かされた、ということである。

★10――外部世界の対象は視覚・聴覚などに照応する外官によって把捉されるが、心魂［Seele］を（言い換えれば「経験的な自己」を）把捉するのは内官［innerer Sinn］である。内官は〈経験的統覚〉に結ばれている。「経験的な自己」が〈私＝主観〉となるのは、つまり人間にとって、通常の意味における「唯一の可能な経験」を構成できるようになるのは、「私は考える」という思惟する自我に相関する〈超越論的統覚〉によってである（★14を参照されたい）。ただし、この超越論的統覚は個々の人間を超えた一般性としての統覚であり、個々人は各自の、個別的な〈経験的統覚〉も持つはずである。それはすなわち、内官において把捉される統覚であり、カントはそれを「受動性」とみなしている。それに対し、超越論的統覚のほうは「自発性」と呼ばれている（『純粋理性批判』上巻、篠田英雄訳、岩波文庫、参照）。

★11――カントの考えでは、人間においては、直観は感性的であって、対象が現存していることに則して人間（の心）が触発されて可能になる。それゆえ感性的直観は「派生的直観」とみなされる。感性が唯一可能な直観の様態であるとは限らないけれども、知性的＝可知的直観、すなわち対象をその現存在もろとも産出する「根源的直観」は、人間には近づくことができず、厳密に言えば、根源的存在者（すなわち神）にのみ帰属するだろう（『純粋理性批判』上巻、前掲書、参照）。

★12――この「決定という出来事」については、『法の力』（とりわけ「規則のエポケー」、「決定不可能なものにとり憑かれること」、「知の地平を遮断する緊急性」と題された三つのアポリア論）を参照されたい。Jacques Derrida, *La force de loi*, Galilée, 1994, pp. 50-59（邦訳、堅田研一訳、法政大学出版局）。

★13――高等研究院でのセミナーにおいて、一九八九―九〇年度、一九九〇―九一年度、デリダは「他者を―食べる」、「カニバリズムの修辞学」を論じている（大きな枠としては、「友愛の政治」という総題の下になされたセミナーである)。なお、その一端は次のテクストのうちに読み取れる。デリダ「〈正しく食べなければならない〉――あるいは主体の計算」(“《Il faut bien manger》 ou le calcul du sujet―Entretien avec J.-L. Nancy”, in *Confrontation* n°20, hiver 1989, Aubier;(鵜飼哲訳、『主体の後に誰が来るのか?』、現代企画室、のなかに収録))。

★14――カント『純粋理性批判』(超越論的原理論、第二部門第一部第一篇十六節「統覚の根源的・総合的統一について」)には、次のように記されている。「私は考えるということは、あらゆる私の観念＝表象に伴うことができるのでなければならない。なぜなら、もしそうでないとすれば、私のうちでは、まったく思考されえないものまでも表象されることになるからであるが、それは、そうした表象が不可能であるか、あるいは少なくとも私にとっては無いものであるかのいずれかと同じであるにほかならないだろう」(篠田英雄訳、岩波文庫。翻訳の文脈に合わせるために、少し変更している)。

★15――殉教［martyre］は、教会ラテン語martyriumから生じた語であり、それはmartýrionというギリシア語(神を証言すること、証人となる)に由来すると思われる。

★16――デリダ『滞留――モーリス・ブランショ』(湯浅監訳、未來社)には、次のようにある。「もし証言が禁じているように見えるこの可能性〔虚構の、模擬の、隠蔽の、嘘の、そして偽りの誓いの可能性〕が実際に排除されたとすれば、それゆえ証言が証拠や情報、確かな事実、あるいは記録文書となったとすれば、証言は証言としての自己の機能を失うことになるでしょう。したがって証言は、証言であり続けるには、憑きまとわれるままでなければならないのです。証言は、自らがその内的な裁き〔良心〕から排除するものそのものによって、つまり、文学によって、少なくともその可能性によって寄生されるままでなければならないのです」。

★17――〈証言する〉ことと〈秘密〉との連関については、前掲書『滞留――モーリス・ブランショ』を参照されたい。たとえば三九ページには次のように記されている。「語の厳密な意味において私が証言できるのは、私が証言していることを、だれも私の代わりに証言できないその瞬間においてのみです。私が証言している当のものは（略）私の秘密なのであり、それは私に取り置かれるのです。（略）原則として、証言することは（略）つねに公的にするということです。（略）それゆえ、秘密の証言という考えは言葉のうえで矛盾していることになります。秘密というものの経験それ自体がなんらかの内的な証人を、自己の内で証言してもらうなんらかの第三者を含みこんでいるだけになおさらです。ある秘密について証言すること、その核心を明かすことなく、秘密があることを証し立てること、これこそ一つの危機を孕んだ［critique］可能性です。たとえばブランショは、証し立ての不在を証言する可能性に対するのと同様に、この可能性に対して大きな注意を払っていたことになるでしょう。そのとき私たちは、証し立てが可能でないと――そしてそこには守るべき秘密、あるいはどうしても守ってしまう秘密があると――他者に対して証し立てる義務を強く感じるのです。つまり、秘密のまま留まる秘密の告白です」。

★18――――「アポファティック」［apophatique］という語は、ギリシア語 apophatikos〔否定的な〕に由来する。この語は apophanai〔否《ノン》と言う〕から派生している。すなわち、分離、遠隔を示す接頭辞 apo- と、phanai〔語る〕とが結ばれた語である。ロベール辞典によれば、「通常の認識手段・様式によっては知りえないものを知ろうとするために、それを否定することを通じて認識しようとする仕方」である。ふつうは「アポファティックな神学」と言われ、またそれは通常「否定神学」［théologie négative］と呼ばれている。ただし、ここでデリダは、区別しようとしているが。こうした傾向は、たとえば六世紀ごろの擬ディオニュシウス・アレオパギテスの『神名論』に顕著に現れた。またもっと後代のマイスター・エックハルト、十字架のヨハネ、アヴィラの聖テレサなど多くの「神秘家」と呼ばれる信仰者にも見られる。

デリダは《Comment ne pas parler—Dénégations》（in *Psyché—Inventions de l'autre*, Galilée, 1987）において、ギリシア語 apophanai の源泉としての、字句通りの意味である「語らない、語ることを避ける」にまで遡る。そして、「どうして語らないか」、「いかにして（神について）語らないのか」、「いかにして語らないことがあろうか」と解することのできる言い回し（いわば同形異義的な言い回し）から出発して、擬ディオニュシウス、マイスター・エックハルトのみならず、プラトンの『国家』（「善というイデア」）、『ティマイオス』（「コーラ」）を考察し、さらにハイデガーにおける「場」［Ort］の議論にも言及している。

★19――ある概念のシェーマとは、『純粋理性批判』（第二版、一七九―一八〇ページ）によれば、「一つの概念に、その形象［Bild］を供給するのに役立つ、構想力の一般的な働き方の図象化」である。なにか意味のある認識を基礎づける〈総合〉は、直観的なものと概念的なものとの《Synthese》を実現する。直観の対象はどのようにして概念の下に包摂されるのか。（逆に言えば、悟性による概念はどのようにして直観の対象に適用されるのか。）経験的な直観と純粋な概念とのあいだには、それらを仲介するシェーマ（図式）が形成されなければならない。たとえば三角形は、われわれの感性が空間および時間の形式をア・プリオリに持つことに応じて、直観的に与えられる。つまり空間的に多数の点から成るものとして表象され、それらの点たちの表象は時間形式に則して内官に与えられるだろう。しかしそれだけでは、多数の点はまとまりを持たずに表象されているだけであって、三角形の形象は与えられない。形象が与えられるためには、ある「一般的な働き方に従った、つまりその働き方は規則性があるのだが、その規則に従った構想力の働き」によって、それらの点たちが総合されていなければならない。あるいはむしろ、そんな総合の仕組み、方式が表象されていなければならない。こういう仕組み、方式の表象が、三角形という概念のシェーマである。カントは、このことに関して、「人間の心魂の深部に潜む、隠された技法」を語っている。

★20――キルケゴールは『おそれとおののき』（「プロブレマⅢ」）のなかで、こう書いている。「倫理はそれとして一般的なものである。そしてその資格において、やはり表示《マニフェスト》されたものである。ひとりひとりの人間はしかし、隠された、密かな存在である。直接的に感性的存在、心的存在として定義された個々の人間は、密かな存在なのである。（略）もし隠された内面がなかったとしたら、つまりそれとしてのひとりの人間は一般的なものよりも高いところにあるという事実によって正当化される内面がなかったとしたら、アブラハムの〔息子イサクを犠牲に捧げる〕ふるまいは正当化しようがない。なぜならアブラハムは、媒介的な倫理の審級をないがしろにしたのだから。しかし、もしそういう内面があるのだとしたら、私たちはパラドックスに立ち合っていることになるのであり、そんなパラドックスは媒介作用には還元されないものである。ヘーゲル哲学はこうした密かな内面、共約不可能なものを、それが法＝権利のうちに根拠づけられるような仕方で認めようとはしない」（*Crainte et tremblement*, tr. P. H. Tisseau et E. M. Jacquet-Tisseau, Editions de l'Orante, 1972. この仏訳より引用）。こういう議論を踏まえて、デリダは『死を与える』（*Donner la mort*, Galilée, 1999）において、次のように言う。「哲学は、知るべきことの誤認のうちに、つまり密かなものがあるということを知るべきなのに、そうではなくその誤認のうちに身を置く。知るべきなのは、密かなものがある、それは知には共約しようがない、認識や客観性には共約できない、ということである。ちょうどキルケゴールが、あらゆる主観／客観という類型《タイプ》の知の関係から免れさせ、守り通す、あの主観的な内面、けっして共約しえない主観的内面がそうであるのと同じように」。

★21――『滞留――モーリス・ブランショ』（九九ページ）には、次のようにある。「私たちはだれでも、どの瞬間にもこう言うことができます。まったくのところ、私は自分が感じたことを覚えていない、あの瞬間に自分が感じたことを言い表すことはできない、そんなことは不可能だ、いずれにしても私はそれを分析することはできない、と。私であった者はもはや私ではないのであり、「私は考える」［ego cogito］、すなわち「あらゆる私の表象に伴う私は考える」というのは、私がそこに何も再認しないような空虚な一形式にすぎないのです。この普遍的な「私」は、あなたがたに語っている私ではなかったのです。私はもはや、このもう一人の私、どの他者よりも他なるものである私がしたことにも、考えたことや感じたことにも、責任をとることはできません（それにそんなことを私に要求しないでください、それは暴力になります）」。

★22――ドイツの神秘主義的思想家であるニコラウス・クザーヌス（一四〇一―一四六四年）の言葉。クザーヌスの考えでは、無限なるものたる神は、人間の有限な知によっては絶対に厳密には認識できない。それゆえ人間が知りうるのは、神があらゆる知（思考、認識、理解、倫理、等）を超えていくことのみである。しかし、こうした「知の闇」のなかで、魂は神の無限性に触発される。それが「知ある無知」と呼ばれる。擬ディオニュシオス・アレオパギテス、マイスター・エックハルトらの影響は明らかである（『哲学・思想事典』、岩波書店、参照）。

★23———《crypte》は、通常の意味としては教会のなかで、内陣の地下に作られた墳墓、納骨所である。転義として、「奥底」という意味で用いられることもある。直接的な語源はラテン語の crypta〔洞窟、穴倉〕であるが、もともとはギリシア語の krypte〔kryptos の女性形、隠された〕から派生した語である。それゆえ、《cryptogramme》は「暗号によって書かれた文」、《cryptographie》は「暗号によって書くこと、暗号体系」などを意味する。デリダは、アバラハムとトロックが〈オオカミ男の症例〉を綿密に再検討することによって提起した《cryptonyme》〔クリプト名、隠された名、秘名〕、《cryptonymie》〔クリプト語法、秘名の仕組み〕を詳しく分析し、「クリプト」の一般理論の可能性も展望している。《Fors》, in *Le Verbier de l'Homme aux loups*, Aubier-Flammarion, 1976;（若森・豊崎訳、『デリダ読本』〔「現代思想」臨時増刊〕、一九八二年、参照）。

★24———中世哲学は真理＝真実の本質を〈知と事象との一致〉［adaequatio intellectus et rei］とみなした。すなわち、知性＝認識（もっと厳密に言えば、言表＝判断）と、その対象である物事とが適合し、一致していること（アデクァティオ）であり、相同なること（ホモイオーシス）と考えた。こうした真理概念（カントもそれに従っている真理概念）は派生的に生じたものにほかならないと考えるハイデガーは、真理を意味するギリシア語 Alētheia が、「忘却」、「覆われていること」を示す lēthē に、その否定、欠如、剥奪を表す前綴 a を付して成り立っていることに注目しつつ、根源的な真理という現象は、「覆いを取られ、発見されていること、引きこもりから外へ引き出されていること」であると主張する。そしてハイデガーは、この根源的な真理現象を、アポファンシス［apophansis、見させること］としてのロゴスの本来的な作用と結んで論じている。『存在と時間』（「第四四節　現存在、開示性、真理」）、原・渡辺訳、「世界の名著」六二巻、中央公論社、参照。

★25———《Unheimlich》という語は、現代ドイツ語では、（1）無気味な、気味の悪い、（2）ものすごいほどの、非常な、といった意味合いであるが、もともとは《heimlich》（1）密かな、秘密の、隠れた、（2）〔南部ドイツで〕（わが家のように）居心地のよい、アトホームな、故郷のような、という形容詞に、否定・反対を表す前綴《un》が付加されてできた語である。ともに《Heim》〔わが家、家郷〕を幹として生じた語であり、《heimish》〔故郷の、わが家のような、慣れ親しんだ〕、《geheim》〔秘密の、内密の、隠された、親密な、打ちとけた〕、《Geheimnis》〔秘密、内緒ごと、不可思議〕などと親族の語である。〈無気味さ〉は、たとえば『存在と時間』（「第四〇節　現存在の際立った開示性としての不安という根本的情態性」）において論じられている。また、たとえば『形而上学入門』（「Ⅳ　存在の限定（3　存在と思考）」、川原栄峰訳、平凡社ライブラリー）において詳述されている。

★26———アウグスティヌス『告白』第十巻第一章にある言い方。仏訳によれば次のとおりである。《Je veux la［la vérité］faire dans mon cœur, devant toi, par la confession, mais aussi dans mon livre, devant de nombreux témoins》（*Confessions,* traduit par E. Tréhorel et G. Bouisson, l'édition de la bibliothèque augustinienne, Desclée de Brouwer, 1962）「心のなかでは御前でこの告白により、またこの著述において、多くの証人の前で、私は真実を創りたい〔真実をなしたい〕と思う」。デリダは『滞留——モーリス・ブランショ』でもこの言い回しに言及している（三五ページ、参照）。

★27———前掲の註18で引いた《Comment ne pas parler》という言い回しは同形異義的である。またたとえば『死を与える』（*Donner la mart,* Galilée, 1998）には、《Tout autre est tout autre》という言い回しがあげられている。この文において《Tout》という語は、形容詞ととれば、「すべての、あらゆる」という意味であり、名詞を修飾する。副詞ととれば、強めの役割を持ち、「まったくの」という意味になる。《autre》という語は、形容詞ととれば、「他の、異なる」という意味であり、名詞ととれば、「他のもの、他者」などの意味となる。それゆえこの文は、まず「すべての他者はすべての他者である」、「まったくの他者はまったくの他者である」というトートロジーともとれるが、さらに「すべての他者はまったくの他者である〔まったく異なるものである〕」ともとれる。いまもし片方の《Tout autre》を《Dieu》という語によって置き換えてみると、《Dieu est tout autre》、《Tout autre est Dieu》となる。一方の場合、「神はまったくの他者である」と読める。つまり、神は無限に他なるものである、まったくの他者だと定義している。他方の場合、「すべての他者は神である」と読める。すなわち、あらゆる他者、言い換えれば、他者の各々は、神である、神のようにまったく他なるものであると告げている。

デリダの考えでは、こうした言い回しの戯れは、僥倖のように他者性を単独性＝特異性に結びつける。「すべての他者はまったくの他者である」ということは、「すべての他者は独特な、特異なものである」ことを意味する。すなわち、「一切のものは特異なものである、一切のものは各々なのである」ということである。するとこの言い回しは、「すべての」という普遍性と、「特異な」という例外性とのあいだに、ある〈契約〉を結ばせようとする。〈他者性〉というものが、いわば〈普遍的例外性〉と呼ぶべきものに結ばれていると告げる。それゆえ、デリダはこう言う。「こうした文章の戯れは、ある秘密の可能性そのものを包蔵しているように思える。つまり、ある一つの文のなかで、そしてとくにある一つの母語《ラング》のなかで、覆いを取られて明らかになり、かつまた同時に隠されもするような秘密の可能性である」。

〈翻訳〉という観点から見れば、《Tout autre est tout autre》がそうであるような両義的戯れは、つまりその文法上の作動が多様で決められない、底なしの、しかし本質的な曖昧さは、その字句通りの逐語性においては翻訳可能ではない。この戯れの「意味」ならば、つまりシニフィエのレヴェルだけなら、他の母語《ラング》にパラフレーズして翻訳されるかもしれない。しかしこの母語において、二つの同形異義のあいだの横滑りという、独特なフォルムを持つ構成は翻訳可能ではない。それゆえデリダは、それが一種のシボレートのような秘密の言い回しであり、これこれという一母語《ラング》のなかで、ある一定の仕方でしか言いようがない、と指摘する。こうした形態的構成はいわば好運《チャンス》もしくは僥倖《アレア》として機能するだけで、翻訳されることになじまない。この非翻訳性は、一つの母語の、自然言語の〈秘密〉として作用するのだ。デリダの見方では、こんなリミットをひとは残念に思うこともあるし、だがまた逆にそれは利点だと受けとめることもありうる。いずれにせよ、「こんな秘密は私たちが存在する以前に、その可能性において、そこにある。それは母語《ラング》の Geheimnis である」。

★28――『ティマイオス』(種山恭子訳、『プラトン全集』十二巻、岩波書店)によれば、コーラ [khôra] というギリシア語は、通常は「そのなかになにかが在るところの空間、場所」を意味する。ティマイオスは宇宙創成を語りながら、この〈コーラ〉を独特な仕方で提示している。彼の説では、不思議な時間錯綜《アナクロニズム》が当然のものとされ、宇宙が創成される以前に、「〈在るもの〉と〈コーラ(場)〉と〈生成〉とが、三者三様に既に存在していた」のである。〈コーラ〉は第三のジャンルであるとされる。第一は「モデルとして仮定されたもの、理性の対象となるもの、つねに同一性を保つもの」である。第二は「モデルの模写に当たるところのもの、生成するもの、可視的なもの」である。それに対し、第三のジャンルは「あらゆる生成の、いわば養い親のような、受け入れる者」である。「それは、いつでもありとあらゆるものを受け入れながら、しかもまた、そこへ入ってくるどんなものに似た姿も、けっしておびていることはない」とされる。いわば「すべてのものの印影の刻まれる地《じ》の台のようなもの」である。

　デリダの考えでは、このように提示されたコーラは、なにか存在するもののように語ることはできないし、存在しないなにかのように語るべきでもない。可感的とも可知的とも言えないし、生成消滅するものとしても存在するものとしても語れない。それのみならず、同時に可感的であり可知的である、存在するなにかでありかつ不在ななにかであると言うこともできない。コーラは「ロゴスの論理とは別の論理」に属しており、弁証法的な論理操作とその運動のうちに取り込まれず、逃れ去る。デリダはまた、コーラが「非歴史的」［anhistorique］であり、「動じないまま」［impassible］であると書いている。「コーラは生じさせない〔場を与えない〕。つまり、なにであれ、ひとがなにか存在するものを与えるという仕方と同じような仕方ではなにも生じさせない。なにも創造せず、生み出さない。生じるもの〔場を持つもの〕としての出来事を起こさせることもない。（略）根底から非歴史的である。なぜなら、なにもコーラによって起こらないし、なにもコーラに起こることはないから。こうしたコーラの、必然的な無関心＝無差別性を、プラトンは強調している。すべてを受け入れるためには、そしてコーラのうちに記載されるものによってマークされ、触発されるためには、コーラは形態《フォルム》のないもの、固有な規定のないものでなければならない。ただ、コーラは〈アモルフ〉と言われるが、しかしそれは欠如や剥奪を意味しはしない。コーラは動じないままである。だがそれは、受動的でもないし能動的でもない」（《Comment ne pas parler—Dénégations》, in *Psyché, Inventions de l'autre,* Galilée, 1987, pp. 568-569）。

★29———『時間を与える——第一巻、贋金』（*Donner le temps,* 1. *La fausse monnaie,* Galilée, 1991, pp. 155-156）には、次のように記されている。「それはちょうど、語りの条件が語られる物事＝事象の原因であったかのようである。語り《レシ》が——ふつうそれは、出来事を報告していると思われているのだが——、あたかもそういう出来事を生み出したかのようなのだ。（略）事象の原因と条件としての語り《レシ》。それは、物語られる事象の可能性を与える語りである。歴史＝物語［histoire］の可能性、ある贈与の、ある赦し《パルドン》の歴史としての歴史の可能性を与える語り。またまさにそのことによって、贈与の、赦しの不可能性の可能性を与える語りである。（略）

ついでに次のことを註記しておこう。語り《レシ》の可能性が歴史の条件、歴史的出来事の条件であるような状況においては、それがどんな状況であれその各々においてこう言うことができなければならない。すなわち、〈知〉の条件あるいは欲望［epstémè, historia rerum gestarum, Historie］が、歴史そのもの（res gestae〔なされた事、功業〕、Geschehen〔生起、出来事〕、Geschichte〔歴史、事件〕）を生じさせる、と。このことは、ヘーゲル的なタイプの、もしくはハイデガー的なタイプの多くの議論＝論法、つまりそれとは逆向きの順序（Geschichteがなければ、Historieはない）をいつも要請するように思える論法――もっとも、それは、語り《レシ》の可能性、あるいは知の関係の可能性を、出来事の可能性のうちへとあらかじめ統合しておくことをすませたうえでの話であるのは、たしかなのだが――に、矛盾するとまでは言えないとしても、それを複雑にこみ入らせることになるだろう」。

★30――――フッサール『デカルト的省察』〔船橋弘訳、「世界の名著」五一巻、中央公論社〕の第五省察に言及している。

★31――――『存在と時間』〔第九節〕には、〈各自性〉について、「われわれが分析すべき任務を持っている存在者は、そのつどわれわれ自身である。この存在者の存在は、そのつど私のものである」と記されている。

また、「孤独〔独りであること〕」、「孤絶した私＝自我」、「共存在」に関しては、第二十五節に次のようにある。「世界を持たない、単なる主観というものが、さしあたり〈在る〉のではなく、また与えられているのでもけっしてない。こうして結局、同様に、孤絶した自我というものが、他者たちなしで与えられているのでもない。世界－内－存在〔としての現存在《ダーザイン》〕においては、つまりその内－存在には、〈他者たち〉がそのつど共に現にそこに存在している」。「共存在ということが現存在《ダーザイン》を実存論的に規定しているのであり、それは、現事実的に他のだれもそこにいないときでも、まただれも知覚しないときでも、そうなのである。現存在《ダーザイン》の孤絶した存在〔独りとしての存在〕は、世界における共存在である。他者が欠けることはありうる。だが、それは、共存在においてのみ、そして共存在にとってのみ、そうなのである。孤独〔独りであること〕は、共存在の一つの欠損的様態である。孤独が可能であるということは、共存在の証拠となっている」〔原・渡辺訳、「世界の名著」六十二巻、中央公論社。翻訳の文脈に合わせるために、少し変更している〕。

訳者あとがき

本書は、Jacques Derrida, *Passions*, Galilée, 1993 の全訳である。デリダはこの書物の冒頭の脚註で、「ここで展開される思索、そのテーマ、その源泉を形成しているのは、ある一定の〈文脈〉であり」、一つの応答として書かれたこのテクストを読むにあたって、「どんな文脈で書かれたのか」を知っておいてほしいと願っている。すなわちデーヴィッド・ウッドは英・米の伝統に則した『リーダー』という形態を念頭において、*Derrida: A critical Reader* という共同著作の企画を立て、デリダ自身および他の十一名の思想家・哲学者に参加するよう呼びかけたのである。ウッドのプランでは、デリダが書く予定の論考は他の十一篇の論考に「原則として、応える」はずになっており、しかも「パッション」という言葉、「斜めからの捧げもの」という言葉も、ウッドがデリダに送った提案の手紙のなかで既に用いられていた。それゆえ、『パッション』という名、またその名に添えられた「斜めからの捧げもの」という名は、ウッドが与えた名であり、受け取られた名であるとも言える。

こうしてデリダは、友の呼びかけにどう対応するのか決めなければならないという状況にあった。通念に従うなら、友情ある呼びかけに応えるのは当然であろう。それが友への礼儀正しさであり、友愛における義務でもあると思える。また応えることによって、責任ある仕方でふるまうことになろう。しかし、それを自明のようにみなすと、多くの考えるべきことを見逃したままになる。まず思い浮かぶのは、こうした共同著作が単なる〈セレモニー〉ではないかという疑いである。あるひとりの思想家を中心にし、テーマとした共同著作はどうしてもセレモニー性をおびるし、「一種の宗教的典礼」に似てしまうこともある。「聖体の秘蹟」の味わい――「これは我が肉である。あなたがたに贈られたこの肉を、私の思い出として取っておきなさい」――を、きわめて皮肉な仕方で持ってしまうことさえありうるだろう。

だがしかし、友情溢れる呼びかけに応えることが、セレモニーにそのまま服すことであってはならないだろう。応えることは同時にセレモニー性を破ることでもなければならない。このことは、次のようなもっと射程の長い問いに関わる。友愛の、また礼儀正しさのふるまいは、もしそれが単に儀式的習わしの規則に従っているのだとすれば、友情あるものでもないし、礼儀正しくもないのではないか。友愛における義務はいわば二重化している義務であって、義務に従って行為することを超えてふるまうようにせよという義務である。セレモニー性を破るように、そして義務の〈語法〉を超えてその彼方まで行くように、と命じている。義務に順応して応えるくらいなら、応えないほうがよいかもしれない。応えることが友愛にかなっているのか。応えないほうが友情にふさわしく、礼儀正しいのか。応えることが責任あることなのか。むしろ、擬い物の責任をとることで非責任なのか。カントがそう書いているように、純粋に「義務から発して」（モラル法則を目指してのみ）応えるということが可能なのだろうか。デリダはカント（『人倫の形而上学の基礎づけ』、『実践理性批判』）を読み込みながら、あるいはむしろカントが行なった所作、身ぶりをある仕方で自ら反復しながら、思索を深めていく。私たち読者はデリダの思索の跡を、つまりこのスリリングな、と言ってよい思考の動きをたどることができる。その際、私たち自身の経験やそれに伴う思考、とりわけ友愛や他者との関係に結ばれた自らの独特な事例、特有な状況などを組上にのせながら、自分自身の考えを練ってみることもありうるだろう。

『滞留――モーリス・ブランショ』の「あとがき」でも触れたように、デリダの著作はすべて内的なつながりを持ち、相互に照らし合っているが、本書はまず *La force de loi*, Galilée, 1994（『法の力』堅田研一訳、法政大学出版局）と密接な連関がある。スリジ＝ラ＝サルで開催された第三回目の、デリダを囲むシンポジウム（一九九七年、「自伝的動物」）のおり、デリダと話す機会があったが、彼自身そう語っていた。第三章の中核部分は、「秘密の本質に関する、また秘密が存在すること［existence］に関する、アポファティックな演習」と言われている。参考として、原書に挟み込まれている「読者への栞」の一部分を引用する。「『パッション』は、ある絶対的な秘密、本質的であり、また同時にひとが一般に秘密と呼んでいるものには異邦的である秘密を言っている。そこへと至るためには、一種の〈これは我が肉である〉の、多少とも虚構的な反復において、そしてまた礼儀正しさに関わるパラドックスを省察する過程で、ある計りしれない負債が自らを運び去るような経験を舞台にのせなければならなかった。もし義務的なもの［du devoir］があるのなら、それは義務を負わないこと、負わずに負うこと〔すべきであることなしにすべきであること〕、義務を負うことなくすべきであることに存するのではないか。〈義務に従って〉行為すべきではないようにすべきであること、さらにはカントが言うように〈義務から発して〉行為すべきであることさえも、すべきではないようにすべきであることに存するのではないか。その倫理的な、あるいは政治的な諸帰結はどのようなものであろうか。この名、〈義務〔すべきである〕〉という名の下に、ひとはなにを聞きとるべきなのか。そしてこの名を責任のうちへと運んでいくのを、だれが引き受けることができるのか。」

　こうした〈秘密の本質に関するアポファティックな演習〉は、本書と同時に同じ出版社から刊行された他の二冊の本、*Sauf le nom*, *Khôra* に深く結ばれているのは当然であって、デリダはこれら三冊の本を「与えられた名についての三つの試論」と呼んでいる。もう一度、「読者への栞」の一部分を引用する。「〈名〉——ひとはなにをこう呼んでいるのか。名という名の下に、いったいなにを聞きとっているのか。そして、ひとが一つの名を与えるとき、なにが起こるのか。そのとき、ひとはなにを与えるのか。ひとは一つの物〔une chose〕を贈るのではないし、なにも渡しはしないのだが、しかしなにごとかが生起するのであり、それはちょうどプロティノスが〈善〉について語ったように、ひとが持っていないものを与えることに帰すのである。とくに、まさしく名が欠けてしまう、ちょうどそのところで、再び‐名指しつつ、異名を与える〔綽名で呼ぶ〕ことをしなければならないとき、いったいなにが起こるのか。なにが固有名を一種の異名に、偽名＝変名に、あるいはまったく特異な、そして同時にとりわけ翻訳不可能な秘名〔cryptenyme〕にするのか。」

いま挙げたテクスト以外で、本書に関連深いと思われる著作に少し言及するなら、*Donner la mort*, Galilée, 1999 では秘密と責任が結び合わされて論じられている。また、《Comment ne pas parler—Dénégations》（in *Psyché, Inventions de l'autre*, Galilée, 1987）には、「いかにして（神を）語らないか〔語らないことがあろうか〕」というアポファティックな神学の核心をなす言い回しを探究する過程で、秘密について、秘密の秘密について語られる箇所があり、*Demeure — Maurice Blanchot*, Galilée, 1998（『滞留——モーリス・ブランショ』、湯浅監訳、未來社）では、秘密を証言することが問われている。さらに *Donner le temps, 1. La fausse monnaie*, Galilée, 1991 では、本書の末尾で触れられる「文学の秘密」が論究される。そこではまた、純粋な贈与の不可能性、贈与のパラドックスについて、名の贈与について、義務のない義務（負わずに負うこと）についても語られている。

題名についてひとこと註記しておきたい。原書の体裁を見ると、表紙の題名は『パッション〈*Passions*〉』となっており、表扉も同様である。ただ、本文が始まる冒頭（原書、十一ページ）には、まず*Passions*と記され、次に改行し、引用符を付けたかたちで《L'offrande oblique》と印刷されている。さきほど触れたように、この「斜めからの捧げもの」という言い回しは、ウッドの手紙のなかで既に用いられていた（本書の原註8を参照されたい）。それゆえ本訳書では、できる限り原書の体裁に沿う仕方で、本文の冒頭（本書、五ページ）にまず「パッション」と記し、次に改行して「斜めからの捧げもの」と掲げてある。

「訳註」の多くは（とりわけデリダおよびその周辺の著作に多少とも親しんでいる読者にとっては）蛇足であり、無視して読み進んでいただきたい。翻訳書は、不可欠と判断される（もっとも、その判断規準はなかなか難しい）訳註以外、訳註なしで刊行されるほうが望ましいだろう。ただそれも、素っ気ない、ということもありうる。デリダがこれまで公表した既刊書が必ずしも日本語に翻訳されていない状況なども考え合わせて、結局ある量のノートを付け加えることにした。しかしそうすると、過不足や濃淡のばらつきが生じ、いくつかの意味で正しくないところもある。訳者の未熟によるもので、御寛恕願いたい。

本書の訳出に取りかかったのはかなり前のことであったが、非力のせいでずいぶん時間がかかかってしまった。『滞留』の「あとがき」でも書いたように、本書はやはり、ある種の翻訳への呼びかけに応えて試みた訳読の、とりあえずの結果にほかならない。どうかご批判、ご叱正をお願いする。西谷能英さんは長びく作業を忍耐づよく待ってくださり、いつものように手際よくすべてを按配してくださった。心から感謝申し上げる。

湯浅博雄

二〇〇一年二月六日

■訳者略歴

湯浅博雄（ゆあさ　ひろお）

一九四七年生。東京大学文学部フランス文学科卒、同大学院博士課程、パリ第三大学博士課程修了（3ᵉ cycle 博士論文提出）。現在、東京大学大学院総合文化研究科教授。フランス思想・文学、言語態分析。

著書――『未知なるもの＝他なるもの――ランボー・バタイユ・小林秀雄をめぐって』（哲学書房、一九八八年）、『他者と共同体』（未來社、一九九二年）、『反復論序説』（未來社、一九九六年）、『バタイユ――消尽』（講談社、一九九七年。講談社学術文庫版、二〇〇六年）、『ランボー論――〈新しい韻文詩〉から〈地獄の一季節〉へ』（思潮社、一九九九年）、『聖なるものと〈永遠回帰〉――バタイユ・ブランショ・デリダから発して』（ちくま学芸文庫、二〇〇四年）ほか。

訳書――ジョルジュ・バタイユ『宗教の理論』（ちくま学芸文庫、二〇〇二年）、同『エロティシズムの歴史』（哲学書房、二〇〇一年）、同『至高性』（共訳、人文書院、一九九〇年）、ジル・ドゥルーズ『ニーチェ』（ちくま学芸文庫、一九九八年）、ジャック・デリダ『滞留』（監訳、未來社、二〇〇〇年）、同『エコノミメーシス』（共訳、未來社、二〇〇六年）、『ランボー全集』（共編・訳、青土社、二〇〇六年）ほか。

【ポイエーシス叢書46】

パッション

二〇〇一年 三 月十五日 初版第一刷発行
二〇〇七年 二 月 一 日 初版第三刷発行

定価……………本体一八〇〇円＋税

著者……………ジャック・デリダ

訳者……………湯浅博雄

発行所…………株式会社 未來社
東京都文京区小石川三―七―二
振替〇〇一七〇―三―八七三八五
電話（03）3814-5521（代）
http://www.miraisha.co.jp/
Email: info@miraisha.co.jp

発行者…………西谷能英

印刷・装本……萩原印刷

ISBN978-4-624-93246-6 C0310

(消費税別)

ポイエーシス叢書

☆は近刊

1 起源と根源　カフカ・ベンヤミン・ハイデガー　小林康夫著　二八〇〇円
2 未完のポリフォニー　バフチンとロシア・アヴァンギャルド　桑野隆著　二八〇〇円
3 ポスト形而上学の思想　ユルゲン・ハーバーマス著／藤澤賢一郎・忽那敬三訳　二八〇〇円
4 アンチ・ソシュール　ポスト・ソシュール派文学理論批判　レイモンド・タリス著／村山淳彦訳　四二〇〇円
5 知識人の裏切り　ジュリアン・バンダ著／宇京頼三訳　二八〇〇円
6「意味」の地平へ　レヴィ＝ストロース、柳田国男、デュルケーム　川田稔著　一八〇〇円
7 巨人の肩の上で　法の社会理論と現代　河上倫逸著　二八〇〇円
8 無益にして不確実なるデカルト　ジャン＝フランソワ・ルヴェル著／飯塚勝久訳　一八〇〇円
9 タブローの解体　ゲーテ「親和力」を読む　水田恭平著　二五〇〇円
10 余分な人間　『収容所群島』をめぐる考察　クロード・ルフォール著／宇京頼三訳　二八〇〇円
11 本来性という隠語　ドイツ的なイデオロギーについて　テオドール・W・アドルノ著／笠原賢介訳　二五〇〇円
12 他者と共同体　湯浅博雄著　三五〇〇円
13 境界の思考　ジャベス・デリダ・ランボー　鈴村和成著　三五〇〇円
14 開かれた社会―開かれた宇宙　哲学者のライフワークについての対話

カール・R・ポパー、フランツ・クロイツァー／小河原誠訳　二〇〇〇円

15 討論的理性批判の冒険　ポパー哲学の新展開　小河原誠著　三二〇〇円

16 ニュー・クリティシズム以後の批評理論（上）　フランク・レントリッキア著／村山淳彦・福士久夫訳　四八〇〇円

17 ニュー・クリティシズム以後の批評理論（下）　フランク・レントリッキア著／村山淳彦・福士久夫訳　三八〇〇円

18 フィギュール　ジェラール・ジュネット著／平岡篤頼・松崎芳隆訳　三八〇〇円

19 ニュー・クリティシズムから脱構築へ　アメリカにおける構造主義とポスト構造主義の受容　アート・バーマン著／立崎秀和訳　六三〇〇円

20 ジェイムスン、アルチュセール、マルクス　『政治的無意識』入門講座　ウィリアム・C・ダウリング著／辻麻子訳　二五〇〇円

21 スーパーセルフ　知られざる内なる力　イアン・ウィルソン著／池上良正・池上冨美子訳　二八〇〇円

22 歴史家と母たち　カルロ・ギンズブルグ論　上村忠男著　二八〇〇円

23 アウシュヴィッツと表象の限界　ソール・フリードランダー編／上村忠男・小沢弘明・岩崎稔訳　三二〇〇円

24 オートポイエーシス・システムとしての法　グンター・トイプナー著／土方透・野崎和義訳　三二〇〇円

25 地上に尺度はあるか　非形而上学的倫理の根本諸規定　ウェルナー・マルクス著／上妻精・米田美智子訳　三八〇〇円

26 ガーダマーとの対話　解釈学・美学・実践哲学　ハンス＝ゲオルク・ガーダマー著／カルステン・ドゥット編／巻田悦郎訳　一八〇〇円

27 インファンス読解　ジャン＝フランソワ・リオタール著／小林康夫・竹森佳史ほか訳　二五〇〇円

28 身体　光と闇　石光泰夫著　三五〇〇円

29マルティン・ハイデガー　伝記への途上で　フーゴ・オット著／北川東子・藤澤賢一郎・忽那敬三訳　五八〇〇円
30よりよき世界を求めて　カール・R・ポパー著／小河原誠・蔭山泰之訳　三八〇〇円
31ガーダマー自伝　哲学修業時代　ハンス＝ゲオルク・ガーダマー著／中村志朗訳　三五〇〇円
32虚構の音楽　ワーグナーのフィギュール　フィリップ・ラクー＝ラバルト著／谷口博史訳　三三〇〇円
33ヘテロトピアの思考　上村忠男著　二八〇〇円
34夢と幻惑　ドイツ史とナチズムのドラマ　フリッツ・スターン著／檜山雅人訳　三八〇〇円
35反復論序説　湯浅博雄著　二八〇〇円
36経験としての詩　ツェラン・ヘルダーリン・ハイデガー　フィリップ・ラクー＝ラバルト著／谷口博史訳　二九〇〇円
37アヴァンギャルドの時代　1910年－30年代　塚原史著　二五〇〇円
38啓蒙のイロニー　ハーバーマスをめぐる論争史　矢代梓著　二六〇〇円
39フレームワークの神話　科学と合理性の擁護
カール・R・ポパー著／M・A・ナッターノ編／ポパー哲学研究会訳　三八〇〇円
40グローバリゼーションのなかのアジア　カルチュラル・スタディーズの現在
伊豫谷登士翁・酒井直樹・テッサ・モリス＝スズキ編　二五〇〇円
41ハーバマスと公共圏　クレイグ・キャルホーン編／山本啓・新田滋訳　三五〇〇円
42イメージのなかのヒトラー　アルヴィン・H・ローゼンフェルド著／金井和子訳　二四〇〇円
43自由の経験　ジャン＝リュック・ナンシー著／澤田直訳　二八〇〇円
44批判的合理主義の思想　蔭山泰之著　二八〇〇円

45 滞留［付／モーリス・ブランショ「私の死の瞬間」］　ジャック・デリダ著／湯浅博雄監訳　二〇〇〇円
46 パッション　ジャック・デリダ著／湯浅博雄訳　一八〇〇円
47 デリダと肯定の思考　カトリーヌ・マラブー編／高橋哲哉・増田一夫・高桑和巳監訳　四八〇〇円
48 接触と領有　ラテンアメリカにおける言説の政治　林みどり著　二四〇〇円
49 超越と横断　言説のヘテロトピアへ　上村忠男著　二八〇〇円
50 移動の時代　旅からディアスポラへ　カレン・カプラン著／村山淳彦訳　三五〇〇円
51 メタフラシス　ヘルダーリンの演劇　フィリップ・ラクー＝ラバルト著／高橋透・吉田はるみ訳　一八〇〇円
52 コーラ　プラトンの場　ジャック・デリダ著／守中高明訳　一八〇〇円
53 名を救う　否定神学をめぐる複数の声　ジャック・デリダ著／小林康夫・西山雄二訳　一八〇〇円
54 エコノミメーシス　ジャック・デリダ著／湯浅博雄・小森謙一郎訳　一八〇〇円
55 私に触れるな　ノリ・メ・タンゲレ　ジャン＝リュック・ナンシー著／荻野厚志訳　二〇〇〇円
☆無能な者たちの共同体　田崎英明著
☆信と知　ジャック・デリダ著／湯浅博雄訳
☆ベンヤミンのパサージュ　ピエール・ミサック著／瀧浪幸次郎訳
☆ハーバーマスとモダニティ　リチャード・J・バーンスタイン著／三島憲一・木前利秋・中野敏男訳
☆問題解決としての生　カール・R・ポパー著／萩原能久訳
☆構想力・真理・歴史　木前利秋著